ORGANISATION ET PRINCIPES DE FONCTIONNEMENT D'INTERNET

A QUI S'ADRESSE CE LIVRE ?

Ce livre s'adresse à tous ceux qui utilisent Internet.

Internet occupe une place de plus en plus importante dans la vie de toute la population. Depuis sa création, la consommation d'Internet augmente régulièrement, au point que ce média est maintenant plus important que la télévision ou tout autre media sur papier. L'Internet nous permet de transmettre et de recevoir des informations partout dans le monde à tout instant ; son utilisation devient obligatoire sous peine d'être dépassé et isolé.

L'architecture d'Internet, les bases de l'organisation générale et un panorama des services disponibles sont présentés dans ce livre ainsi que les évolutions techniques extrêmement rapides qui l'ont rendu possible ; les principes de fonctionnement décrits ici constituent une base ; le détail des applications, le format des adresses et la complexité des échanges présentés ici peuvent évoluer mais ils respectent les principes décrits. La présentation des normes en continuel évolution et l'explication des sigles aideront à effectuer des choix éclairés.

Augmenter ses compétences numériques est indispensable pour évoluer dans le monde contemporain. Mieux comprendre le fonctionnement de l'informatique et des réseaux est tout à fait fondamental pour connaître et maîtriser les outils offerts et les utiliser en plus grande sécurité. L'esprit informatique a changé la façon d'aborder et de traiter les problèmes. La confrontation à l'usage de l'informatique est inévitable ; le nombre d'utilisations possibles des systèmes informatiques est quasi infini.

Il n'est pas nécessaire d'être un spécialiste de l'informatique pour lire ce livre.
Il rassemble et synthétise des sujets traités et des supports remis lors de conférences et de sessions de formation à l'utilisation de l'outil informatique et du réseau Internet, de développement d'applications

et de gestion de centres serveurs.
Depuis son origine, l'informatique est marquée par une dimension internationale ; la matière sur laquelle porte l'informatique – l'information – ne connaît pas de frontières ; la mise sur pied de réseaux de transmission de données rend possible une circulation rapide et difficilement contrôlable de ces informations dans l'ensemble de la planète. Les flux de communication internationaux se développent rapidement ; l'intégration est croissante entre les systèmes informatiques et les réseaux.

La déclaration publiée à l'issue du Sommet Mondial sur la Société de l'Information qui s'est tenu à Genève en 2003, dont quelques citations sont faites ci-après, a énoncé les principes de la société de l'information basée sur Internet.

Les exemples et illustrations de services présentés sont valables quel que soit le support, ordinateurs, téléphones évolués ou tablettes.

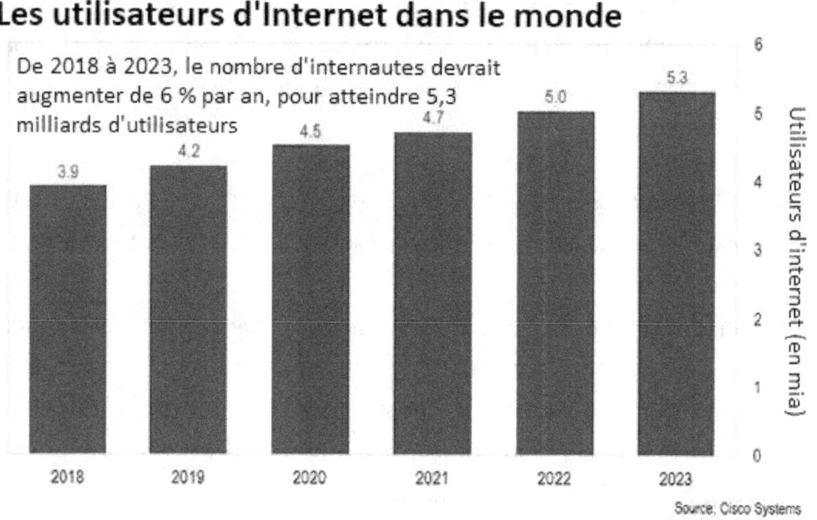

CONTENU

INTERNET EST PARTOUT : LA SOCIETE DE L'INFORMATION

Déclaration de principe. Sommet mondial sur la société de l'information Genève 2003 : Extraits

> « Nous, représentants des peuples du monde, réunis à Genève du 10 au 12 décembre 2003 pour la première phase du Sommet mondial sur la société de l'information, proclamons notre volonté et notre détermination communes d'édifier une société de l'information à dimension humaine, inclusive et privilégiant le développement, une société de l'information, dans laquelle chacun ait la possibilité de créer, d'obtenir, d'utiliser et de partager l'information et le savoir et dans laquelle les individus, les communautés et les peuples puissent ainsi mettre en œuvre toutes leurs potentialités en favorisant leur développement durable et en améliorant leur qualité de vie, conformément aux buts et aux principes de la Charte des Nations Unies ainsi qu'en respectant pleinement et en mettant en œuvre la Déclaration universelle des droits de l'homme….

L'enjeu consiste pour nous à tirer parti des possibilités qu'offrent les technologies de l'information et de la communication (TIC) en faveur des objectifs de développement énoncés dans la Déclaration du Millénaire...

Nous réaffirmons, qu'à titre de fondement essentiel de la société de l'information et comme l'énonce l'article 19 de la Déclaration universelle des droits de l'homme, tout individu a droit à la liberté d'opinion et d'expression, ce qui implique le droit de ne pas être inquiété pour ses opinions et celui de chercher, de recevoir et de répandre, sans considération de frontière, les informations et les idées par quelque moyen d'expression que ce soit. La communication est un processus social fondamental, un besoin essentiel de l'être humain et la base de toute organisation sociale. Elle est le pivot de la société de l'information. Toute personne, où que ce soit dans le monde, devrait avoir la possibilité de participer à la société de l'information et nul ne devrait être privé des avantages qu'elle offre….

Nous reconnaissons que l'éducation, le savoir, l'information et la communication sont à la base du progrès, de l'esprit d'entreprise et du bien-être de l'être humain. Par ailleurs, les TIC ont une incidence immense sur presque tous les aspects de notre vie. L'évolution rapide de ces technologies crée des occasions complètement nouvelles de parvenir à des niveaux de développement plus élevés. Leur capacité à réduire bon nombre d'obstacles classiques, notamment ceux que constituent le temps et la distance, permet pour la première fois dans l'histoire de faire bénéficier de leur potentiel des millions d'êtres humains dans toutes les régions du monde….

…Dans des conditions favorables, elles peuvent être un puissant outil, accroissant la productivité, stimulant la croissance économique, favorisant la création d'emplois et l'employabilité et améliorant la qualité de vie de tous. Elles peuvent en outre favoriser le dialogue entre les personnes, les nations et les civilisations….

La connectivité a un rôle central à jouer dans l'édification de la société de l'information. Un accès universel, ubiquitaire, équitable et financièrement abordable aux infrastructures et aux services TIC constitue l'un des défis de la société de l'information et devrait être l'un des objectifs de tous ceux qui participent à son édification….

La mise en place d'infrastructures et d'applications de réseau d'information et de communication suffisamment développées, adaptées aux conditions régionales, nationales et locales, facilement accessibles et financièrement abordables, et qui utilisent davantage les atouts du large bande et d'autres technologies innovantes, lorsqu'elles existent, peut permettre d'accélérer le progrès social et économique des pays et de favoriser la prospérité de tous les citoyens, de toutes les communautés et de tous les peuples….

La capacité de chacun d'accéder à l'information, aux idées et au savoir et d'y contribuer est essentielle dans une société de l'information inclusive….

Nous sommes fermement convaincus qu'ensemble, nous entrons dans une ère nouvelle qui offre des possibilités immenses, celle de la société de l'information et de la communication élargie entre les hommes. Dans cette société naissante, l'information et le savoir peuvent être produits, échangés, partagés et communiqués au moyen de tous les réseaux de la planète. Si nous prenons les mesures nécessaires, tous les habitants de la planète pourront bientôt édifier ensemble une nouvelle société de l'information fondée sur les savoirs partagés, sur une solidarité mondiale et sur une meilleure compréhension mutuelle entre les peuples et les nations. Nous ne doutons pas que ces mesures ouvrent la voie à l'édification d'une véritable société du savoir… »

Publication de l'UNESCO : Construire la société de l'information pour tous : Extraits

« L'accès à l'information et au savoir est un bien public mondial, indispensable au progrès de l'éducation, de la science, de la culture et de la communication, à l'autonomisation, à la promotion de la diversité culturelle et à plus de transparence dans la gouvernance. Ainsi que l'énonce son Acte constitutif, l'UNESCO se consacre à "faciliter la libre circulation des idées, par le mot et par l'image… »

Internet ne se résume pas seulement à une nouvelle voie technique s'appuyant sur des avancées en informatique et en électronique. Il est le support de la société de l'information.

Le réseau est totalement mondial.

Note : Le réseau est accessible dans tous les pays. Internet est souvent désigné sous le terme imagé anglais WEB qui signifie toile d'araignée : Internet se répand sur la terre entière comme une toile d'araignée. Internet est appelé aussi la Toile. Les initiales WWW, souvent utilisées signifient « world wide web » soit la toile d'araignée mondiale.

Perspectives

Le monde est en train de changer. Il y a seulement 20 ans notre monde était très différent. Les ordinateurs portables et l'Internet moderne était tous les deux des inventions récentes de quelques années mais ni l'un ni l'autre n'avait atteint l'acceptation générale.

Au cours des 10 prochaines années nous assisterons à bien d'autres avancées exceptionnelles de ce genre. Les barrières seront brisées et de nouvelles industries entières seront créées.

La puissance de calcul dépassera la puissance du cerveau humain et l'intelligence artificielle sera partout.

Des millions de voitures électriques autonomes feront la navette sur les autoroutes pour sauver des vies, économiser de l'essence, réduire la circulation et libérer du temps.

Le séquençage de l'ADN ouvrira la voie à de nouveaux médicaments préventifs et personnalisées.

Tout le monde sera connecté. Les trois quarts de la population mondiale auront des smartphones et un accès à des réseaux sans fil haute vitesse.

Nous verrons les avancées en technologie qui changeront vie de manière fondamentale et minimiseront tout le progrès qui a été fait depuis la grande révolution technologique de la fin des années 1990.

Tout changera, la manière dont nous vivons, travailleront, achèterons, dormiront, voyagerons, communiquerons, fabriquerons, imaginerons, distribuerons, nous utiliserons notre banque, nous feront la guerre, nous divertirons et nous maintiendrons notre santé. Durant les deux dernières décennies nous avons vu les changements radicaux dans la technologie : flux vidéo, téléphones mobiles,

Internet, miniaturisation, etc… Ce ne sont que des étapes. En fait, ce ne sont que les fondations d'un développement technologique exponentiel dont nous ne sommes qu'au seuil. Une nouvelle révolution se prépare. Nous entrons dans une phase nouvelle et plus rapide d'innovation dans le paysage technologique. Le progrès s'accélère.

Sur un même écran, toutes sortes de fonctionnalités coexistent. Les services accessibles sur Internet ne cessent de se multiplier. L'ordinateur acheté pour accéder aux documents peut devenir un outil d'écriture et de transmission. Il est relativement facile à un individu de créer son propre site pour se présenter, afficher ses photos ou décrire ses passe-temps. Internet est une réalité incontournable de la vie quotidienne et personne ne peut y rester indifférent.

Des gigantesques centres de stockage (data center ou cloud) peuvent recueillir toutes les données en notre possession, nos photos, nos carnets d'adresses ou nos plannings au sein de sites accessibles de tous lieux et de tout moyen connecté.

Les services offerts et l'information disponible prennent toute leur richesse à partir d'un matériel tel que l'ordinateur ou la tablette disposant d'autonomie, capable de stocker l'information localement, de la traiter et d'échanger sur le réseau.

Note :

Le poste autonome individuel -ordinateur, tablette, téléphone - disposant de puissance de traitement, de capacité de stockage, de restitution des sons et des images est, devenu un outil indispensable. Il peut exécuter toutes sortes de programmes de manière autonome comme se connecter à Internet. Il permet de garder autonomie, liberté d'exploration et de choix. La communication est gérée par l'intermédiaire d'un écran.

Quelques dangers présentés par Internet et la société de l'information

Lorsque vous vous connectez à Internet, vous pouvez accéder au monde entier mais en contrepartie vous pouvez aussi être vu par le monde entier.

Protection individuelle

Internet est un outil qu'il faut apprendre à dominer. La compétence numérique implique l'usage sur et critique des technologies de la société de l'information. La liberté de publication peut entraîner excès et abus. La publicité est de plus en plus présente, le contrôle de l'information, la propagande, les fausses nouvelles se développent rapidement. Il faut savoir se protéger. De plus en plus de sites Web surveillent le comportement de leurs utilisateurs en vue de créer des profils individuels détaillés qui sont vendus à des tiers en vue de leur exploitation à des fins commerciales.

La sécurité des données et des accès est très gravement menacée par des pirates et des escrocs ; bloquer des systèmes en vue d'obtenir une rançon pour les remettre en fonction ou subtiliser des identifiants de comptes bancaires pour procéder à des retraits frauduleux sont des pratiques fréquentes.

Menaces sur la société de l'information

Une menace pour la liberté d'expression sur Internet se manifeste sous forme de censure tant par le biais d'organisations fédérales ou gouvernementales que par les sociétés privées. Des sites Web sont censurés Il faut empêcher la diffusion d'informations gênantes pour le pouvoir en place sous différentes raisons telles que de la sécurité des enfants, des violations du droit d'auteur ou de la lutte contre le terrorisme. Des groupes de pression tentent de limiter la liberté de parole. Le blocage des utilisateurs en fonction de leur pays d'origine, de leurs prises de position ou de leurs opinions est une pratique courante.

La société de contrôle

L'extension de la puissance des outils numériques pourrait entraîner des changements de civilisation. La nouvelle capacité de numérisation de notre moi intime pour toute la population peut entraîner une société de contrôle totale de tous les individus. Une puissance pourra classer des types de profils et d'une commande sur le grand ordinateur les éliminer ou les écarter ou leur interdire certaines activités. La classification actuelle entre les populations de personnes vaccinés ou non vaccinés donne un bon aperçu de ce qui risque de se produire ; tout est enregistré dans un nuage et accessible à tout instant pour vérification. Le rêve pour certains est d'implanter à tout individu sur terre une puce (un micro circuit sous la peau) qui sera notre identifiant total et permettrait de nous suivre et de nous contrôler ; ce serait l'avènement de la société de contrôle.

LA REVOLUTION NUMERIQUE

DEFINITION

L'expression révolution numérique désigne l'introduction massive et rapide de la technologie numérique dans tous les domaines.

La révolution numérique résulte d'une évolution technique extrêmement rapide. Elle est directement associée à la naissance puis au développement de l'informatique, c'est-à-dire au fait que toute information (caractère d'imprimerie, son, forme, couleur, mot, texte, photographie, film, musique...) peut être numérisée, c'est-à-dire s'exprimer par une combinaison de nombres (en l'occurrence des 0 et des 1) puis stockée, modifiée, éditée, au moyen de toutes sortes appareils informatiques et transmises par l'intermédiaire du réseau informatique

Exemple :

Un thermomètre indique la température à l'aide d'une hauteur de mercure. Il s'agit d'une information analogique, on peut la lire avec l'œil ; pour conserver l'information il faut l'écrire sur un papier. Le mot numérique renvoie au processus de numérisation. La numérisation est la conversion des informations en données numériques que des dispositifs informatiques pourront traiter ; dans cet exemple, la température sera automatiquement acquise par un système électronique connecté puis enregistrée avec une fréquence déterminée sous forme d'un chiffre dans une mémoire qui pourra être stocké, transmis et pourra être ensuite traité.

Définition :

Les données numériques se définissent comme une suite de nombres qui représentent des informations. On utilise parfois le terme digitalisation (digit signifiant chiffre en anglais) qui consiste à reproduire techniquement les valeurs d'un phénomène physique en convertissant toutes les informations

qui le constituent en données chiffrables, que des matériels informatiques (ordinateurs, smartphones, tablettes...) peuvent ensuite traiter.

Exemple :
Pour numériser une image on la décompose en points puis on convertit, pour chaque point qui la compose ou pixel à l'aide d'un capteur, les niveaux de lumière, soit globalement, soit pour chaque couleur primaire : il en résulte un nombre significatif qui le représente et qui pourra être reproduit ailleurs par un dispositif informatique capable de le restituer. L'analyse de l'image peut être plus ou moins fine : les appareils photo numérique sont définis par le nombre de pixels qu'ils sont capables d'enregistrer pour une image.

Il faut noter qu'il existe des images :

- Vectorielles où les données de l'image sont représentées par des formules géométriques qui vont pouvoir être décrites d'un point de vue mathématique ; dans ce cas on stocke la succession d'opérations conduisant au tracé pour la reproduire.

- Pixelisées qui sont le résultat d'une mémorisation d'une mosaïque de points élémentaires.

Définition :
Les pixels sont les plus petits éléments constitutifs d'une image numérique. Le nom de « pixel », abrégé px, provient de l'expression anglaise « picture element », qui signifie "élément d'image" ou "point élémentaire". Le pixel est une unité qui permet de mesurer la définition d'une image digitale.

Il est souvent utilisé par les fabricants de portables pour donner la capacité d'image d'un appareil photo ou d'une caméra. Chaque pixel a une couleur ou une teinte différente, qui crée ensuite l'image finale. Pour rendre une telle image en qualité HD par exemple, il faut 1920 x 1080 pixels, soit un total de 2 073 600 pixels. Tous ces pixels doivent être traités individuellement, par les circuits d'un écran pour restituer l'image.

Définition :
L'informatique en général peut se définir comme la science du traitement de l'information, élément de connaissance. Il s'agit d'un domaine d'activité scientifique, technique et industriel concernant le traitement automatique de l'information par des machines : des systèmes embarqués, des ordinateurs, des robots, des automates, etc… L'informatique couvre le secteur d'activité des technologies de l'information et de la communication.

Préalablement au traitement de cette information, encore faut-il commencer par la représenter.

Note
Quelle que soit la teneur des informations (texte, graphique, son...), celles-ci sont codées sous forme numérique binaire « 0 et 1 ».

Cette logique à deux états découle directement des propriétés physiques et électriques des composants employés (processeurs, mémoires, etc.) soit le caractère positif ou négatif des aimants ou du courant –phase et neutre- . Zéro représentera le signe plus et le un le signe moins.

LE MICRO-PROCESSEUR

Note :
Le moteur de la représentation numérique, de l'augmentation de la capacité de traitement et de la vitesse de transfert est le micro-processeur. Le micro-processeur est la partie de l'ordinateur qui exécute les instructions contenues dans les programmes.

Un micro-processeur est un processeur qui possède des composants électroniques suffisamment miniaturisés pour pouvoir tenir dans un seul circuit intégré. C'est le système qui permet l'exécution des instructions d'un ordinateur.

En 1971, la société américaine Intel réussit, pour la première fois, à placer tous les composants qui constituent un processeur sur un seul circuit intégré donnant ainsi naissance au microprocesseur.

Son apparition a engendré de nombreuses avancées, comme l'augmentation de la vitesse de fonctionnement, l'augmentation de la fiabilité, la réduction de la consommation énergétique, mais surtout la miniaturisation des ordinateurs.

En quelques années, le nombre de transistors est passé de 2 300 à 5 milliards sur une surface moindre. Entre 1971 et 2001, la densité des transistors a doublé chaque année. La fréquence de traitement à fait un bond de 108 MHz à 5 GHz. Enfin, la taille des instructions a été portée de 4 bits à 64 bits et leur nombre augmenté.

Le processeur actuel n'est plus seulement une unité de calcul comme à ses débuts. Il comprend à présent un circuit graphique, un contrôleur mémoire, plusieurs niveaux de cache et plusieurs « cœurs » (core) d'exécution.

En 1965 Gordon Moore, cofondateur d'Intel prédisait que le nombre de transistors doublerait tous les 2 ans dans les processeurs. Sa prédiction s'avère toujours exacte. C'est un facteur fondamental de la révolution numérique.

LE SYSTEME BINAIRE

Le système de représentation numérique que nous exploitons couramment se nomme système décimal. Le terme décimal vient du fait que nous utilisons dix chiffres (de 0 à 9) pour représenter les nombres.

Le nombre de symboles (chiffres) dont nous disposons pour représenter des nombres détermine le type de la base. Ainsi, le système décimal est également appelé système à base 10, le système binaire, système à base 2. Il n'existe que deux chiffres pour codifier un nombre dans le système binaire : le 0 et le 1.

Quelques exemples de la représentation en système binaire des premiers chiffres décimaux est donnée ci-dessous :

1 =1

2=10

3=11

4=110

5=111

Le système binaire nécessite beaucoup plus de chiffres pour représenter un nombre.

CODIFICATION BINAIRE : LE BIT, L'OCTET

Définition :

En informatique, la plus petite unité numérique se nomme "bit" (contraction de binary digit ou chiffre binaire). Un bit prend la valeur 0 ou 1. Le bit est l'unité la plus simple ne pouvant prendre que deux valeurs. Un bit ou élément binaire peut représenter aussi bien une alternative logique, exprimée par faux et vrai, qu'un chiffre du système binaire.

Un bit est la quantité minimale d'information transmise par un message, et constitue à ce titre l'unité de mesure de base de l'information en informatique. Les systèmes numériques traitent exclusivement des informations réduites en bits, en général associés dans des groupes de taille fixe appelés bytes ou octets. L'octet comme son nom l'indique comprend 8 bits.

La capacité de la mémoire informatique est généralement exprimée en bytes, ou en français, en octets. L'octet ou bytes, soit 8 bits est une unité informatique couramment utilisée.

1 octet (byte en anglais) = 8 bits permettent 256 combinaisons différentes.

1 Kilo-octet = 1024 octets

1 Mega-octet = 1024 Kilo-octets

1 Giga-octet = 1024 Mega-octets

1 Tera-octet = 1024 Giga-octets

Pour avoir un ordre de grandeur : une clé USB entre 64 Mega-octet et 20 Giga octet, un CD contient environ 600 Mega-octet, un DVD jusqu'à environ 17 Giga-octets. La mémoire des disques durs actuels se compte aussi en Tera-octets.

UN EXEMPLE DE NORME DE REPRESENTATION DE L'INFORMATION : L'ASCII

Il existe plusieurs normes de représentation de l'information. En ce qui concerne les caractères, l'American Standard Code for Information Interchange (Code américain normalisé pour l'échange d'information), ou ASCII est la norme de codage de caractères en informatique la plus ancienne et la plus connue. Le code ASCII a été mis au point pour la langue anglaise –sur 7 bits-, il ne contient donc pas de caractères accentués, ni de caractères spécifiques à une langue. Pour coder ce type de caractère il faut recourir au code ASCII étendu –sur 8 bits- pour pouvoir coder les caractères accentués.

Codage Décimal -Caractère -Codage Binaire

065	A	01000001
066	B	01000010
067	C	01000011
068	D	01000100

069	E	01000101
070	F	01000110
071	G	01000111
072	H	01001000
073	I	01001001
074	J	01001010
075	K	01001011
076	L	01001100
077	M	01001101
078	N	01001110
079	O	01001111
080	P	01010000
081	Q	01010001
082	R	01010010
083	S	01010011
084	T	01010100
085	U	01010101
086	V	01010110
087	W	01010111
088	X	01011000
089	Y	01011001

090 Z 01011010

Il existe d'autres normes pour représenter les langues n'utilisant pas les lettres latines. Le mot ASCII représenté sous différents codages :

Binaire : 01000001 01010011 01000011 01001001 01001001

Hexadécimal : 41 53 43 49 49

Décimal : 32 65 83 67 73 73

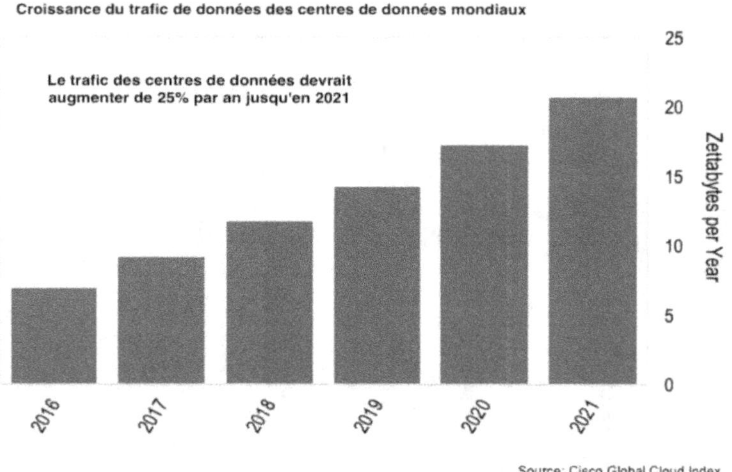

PRESENTATION D'INTERNET, DE SES COMPOSANTS, DE SES PRINCIPES DE FONCTIONNEMENT

FONCTIONNEMENT ET ARCHITECTURE

Internet est un ensemble constitué par des centres serveurs, des équipements terminaux qui communiquent au moyen de réseaux de transport en respectant des normes d'échanges. Le schéma simplifié ci-après donne un aperçu des éléments.

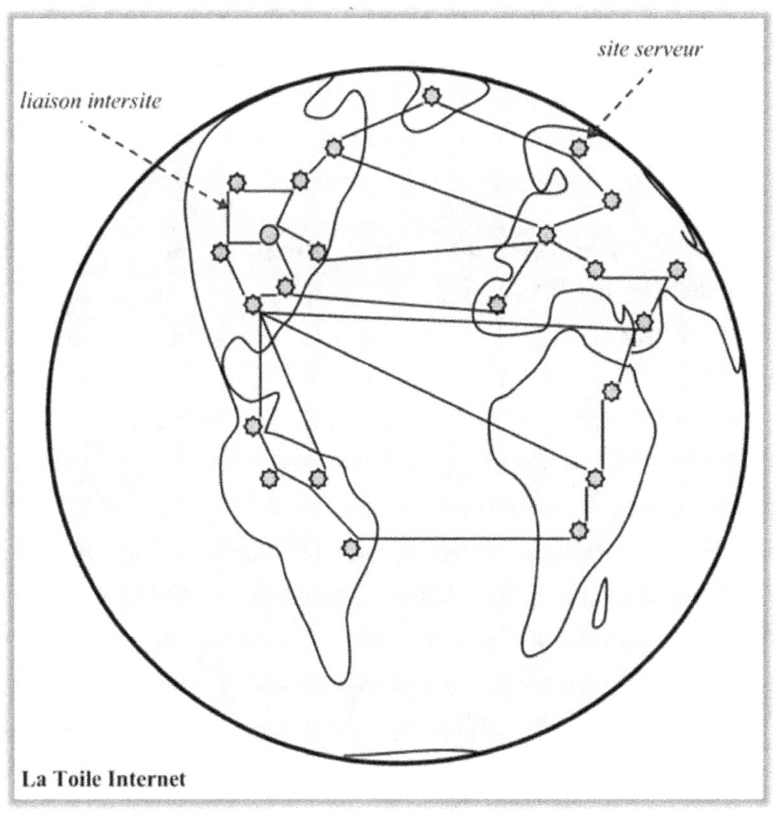

La Toile

Pour représenter le réseau Internet, le schéma graphique le plus communément employé est la Toile d'araignée ou WEB. Les nœuds représentent des sites contenant des serveurs d'informations qui offrent des services et de l'information ; ce sont des ordinateurs puissants capables d'accepter un grand nombre de connexions simultanées, de stocker et gérer des grosses quantités d'informations.

- les réseaux permettent la communication et le transfert d'informations entre les dispositifs connectés

- les serveurs fournissent des services sur le réseau

- les dispositifs terminaux comme votre micro-ordinateur, votre tablette, votre téléphone vous permettent d'accéder aux services offerts sur le réseau

LE RESEAU

Le réseau sert à :

Transférer

Le réseau informatique est le lien qui permet d'échanger, de distribuer intelligemment de l'information à une très grande vitesse, à une très grande distance, dans le monde entier entre des millions d'équipements en utilisant plusieurs supports de transport : câbles, fil de cuivre, fibres optiques, satellites et ondes radio.

Partager

Le réseau permet le partage de ressources. Vous pouvez mettre à disposition d'autres utilisateurs des sons, des images, des documents que vous avez créés et qui sont stockés sur votre micro-ordinateur. Des millions de pages sont proposées à la lecture de l'internaute par les serveurs d'informations. Il existe aussi d'innombrables listes de distributions et de groupes de discussion sur lesquels il est possible d'obtenir des informations sur toutes sortes de sujets. La messagerie est la première application universelle qui est apparue sur le réseau. Des millions de messages sont échangés chaque jour sur le réseau.

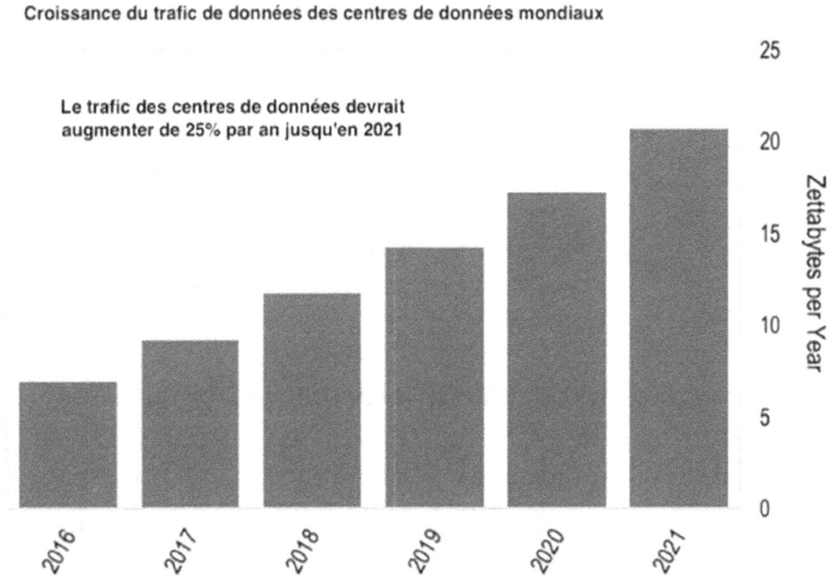

LES MOYENS DE COMMUNICATIONS

Le réseau s'appuie sur des liens informatiques, matérialisés par des câbles, des liaisons satellites, des ondes radio ou infrarouge qui transfèrent l'information, relient les sites, leur permettent de communiquer entre eux et les rendent accessibles à tous les utilisateurs. Ils assurent le cheminement des informations d'un point à un autre. Leur débit, c'est-à-dire le flot de bit qui circule sur ces liens est de plus en plus important. Les informations sont transférées par l'intermédiaire de ces câbles sous forme de signaux selon des règles définies.

Les liens sont mis en place par les sociétés privées comme par les gouvernements – plans câbles par exemple-. La coupure de ces liaisons, d'importance vitale, entraînerait la paralysie d'Internet et aurait des conséquences gigantesques : le pays serait paralysé

Pour assurer la sécurité de ces liaisons, les Etats ont mis en place des liaisons sécurisées secrètes : en cas d'attentat, l'information stratégique continuerait probablement de circuler.

LES SERVEURS

Définition :

Un serveur matérialisé par une ou plusieurs machines informatiques puissantes connectées au réseau distribue et recueille des informations ; il les distribue de manière sécurisée ; il les sauvegarde en permanence.

Il pourra servir des millions de consultations simultanées. Un serveur traitera par exemple la gestion des comptes bancaires d'un établissement financier, les horaires des trains ou des avions consultées par toutes sortes de personnes sur la terre entière.

Les serveurs fournissent des services. Les clients utilisent les services offerts par les serveurs. Tout ce qui utilise un service sur un serveur est un client. Les serveurs sont ordinairement gérés par des spécialistes. Il est cependant tout à fait aisé de créer un serveur d'informations personnel simple sur son propre PC.

Dans **le modèle client – serveur**, le contenu est mis à disposition sur le serveur. Le client souhaitant accéder envoie une requête pour récupérer un contenu.

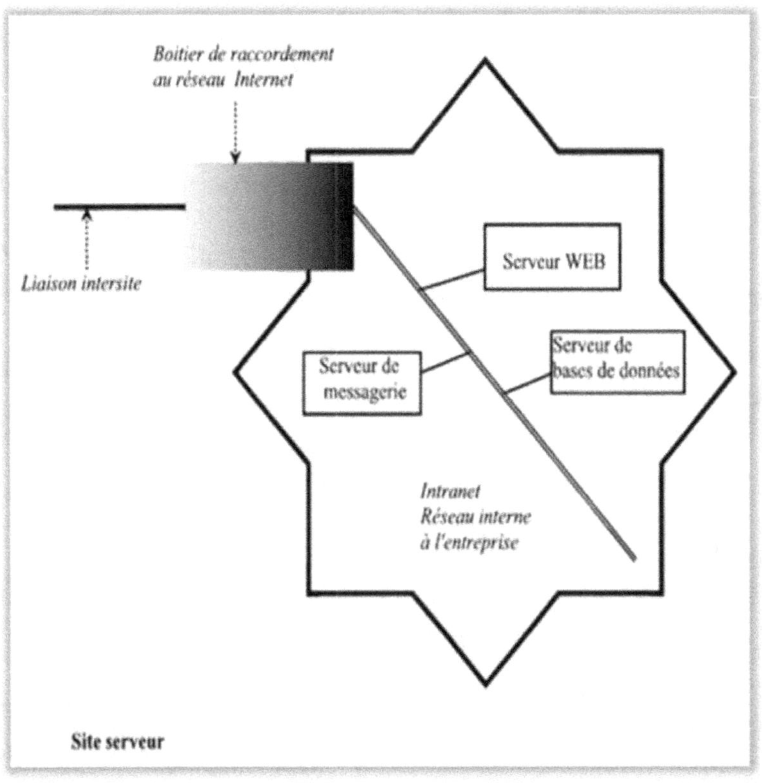

Un site serveur

LES DISPOSITIFS TERMINAUX

Les dispositifs terminaux sont des ordinateurs personnels, des téléphones, des tablettes, des unités centrales mais aussi de plus en plus toutes sortes d'objets connectés comme des montres, des capteurs, des lunettes… qui se connectent sur le réseau ; ils sont des clients. Ils utilisent les liens informatiques – physique ou radio ou liaison satellite ou autres -, des chemins plus ou moins directs pour se connecter au réseau et sont clients des serveurs d'informations pour acquisitions d'instructions ou distributions d'informations.

LE MODE DE TRANSFERT DE L'INFORMATION

Sur les réseaux l'information est découpée en **paquets ou trames** de longueur déterminée au sortir de votre dispositif client ; les données sont découpées lorsqu'ils sont trop long pour être envoyés en une seule trame ou paquet ; ils sont envoyés sur le réseau et circulent sur Internet jusqu'à leur destination ou les paquets sont rassemblés en cas de découpage pour reconstituer une information significative.

Un exemple : un fichier contenant un film de plusieurs millions d'octets est découpé en trames sur le réseau pour être acheminé. Sur sollicitation du client, le serveur envoie les trames. Il est reconstitué dans le bon ordre pour être affiché (streaming) sur votre écran. Lorsque les premières trames arrivent le film commence à s'afficher puis en arrière-plan, le téléchargement du flux de trames se poursuit pour assurer le défilement du film.

Ces paquets constituent un flot d'information continu. Les paquets de données qui circulent sont constitués de deux parties :

- les données utiles - message, photo, page web, fichier audio, données de toutes sortes –

- un entête ou données de service utilisées pour le routage et la description des données utiles - l'adresse de l'expéditeur, la destination, la taille, la nature des données, le rang du paquet lorsqu'il fait partie d'un lot…

Dans le flot, toutes les trames sont mélangées et se suivent ; des carrefours offrent des itinéraires différents pour les paquets selon leur destination.

Internet est le réseau des réseaux ; il fédère l'ensemble des réseaux locaux.

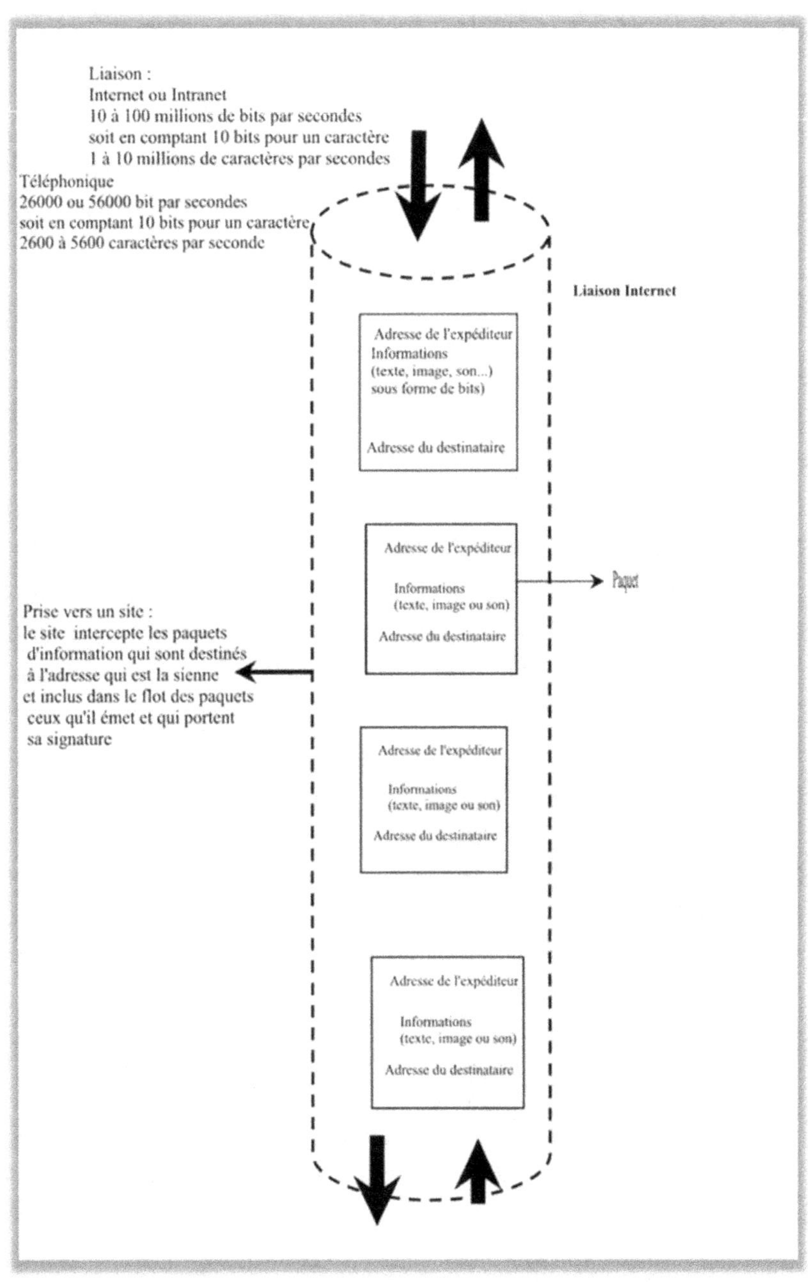

La circulation des informations sur un câble Internet

RESEAUX FERMES OU LAN

Note :

On distingue souvent le réseau local ou Intranet ou LAN (Local Area Network) - qui irrigue les locaux d'un particulier, d'une entreprise - du réseau longue distance ou WAN (Wide Area Network) qui repose sur des lignes de transmission louées extérieures et qui relient les sites distants. Il existe sur les campus ou dans les entreprises des réseaux informatiques locaux très ramifiés qui irriguent tous les bureaux et un ou plusieurs boîtiers de raccordement ou routeur ou passerelle qui sont connectés vers l'extérieur. Les serveurs, les ordinateurs, les imprimantes, les scanners ou les fax peuvent être connectés au réseau local.

Sur les réseaux fermés l'échange de messages entre équipements est très simple. Chaque équipement a une adresse (un chiffre). Lorsque l'équipement A souhaite envoyer un message à l'équipement C, l'équipement A ajoute simplement l'adresse de C au message et l'envoie sur le réseau. C comme tous les autres équipements examine tous les messages qui transitent. Si C voit un message qui porte son adresse, il peut récupérer ce message. Les autres équipements tel que B ignoreront normalement les messages qui ne leur sont pas adressés.

Un réseau fermé ou LAN (Local Area Network) présente l'avantage certain de pouvoir être totalement sécurisé ; sans accès internet ou avec un accès internet isolé, il est à l'abri du piratage, du vol de données ou de destruction.

Exemple : délivrer un message sur un réseau simple est juste comme récupérer votre bagage sur le tapis roulant à l'aéroport. Les bagagistes ne savent pas où vous êtes situé et si vous êtes présent. Ils mettent juste les valises sur le convoyeur et c'est à vous de repérer la valise qui porte votre nom.

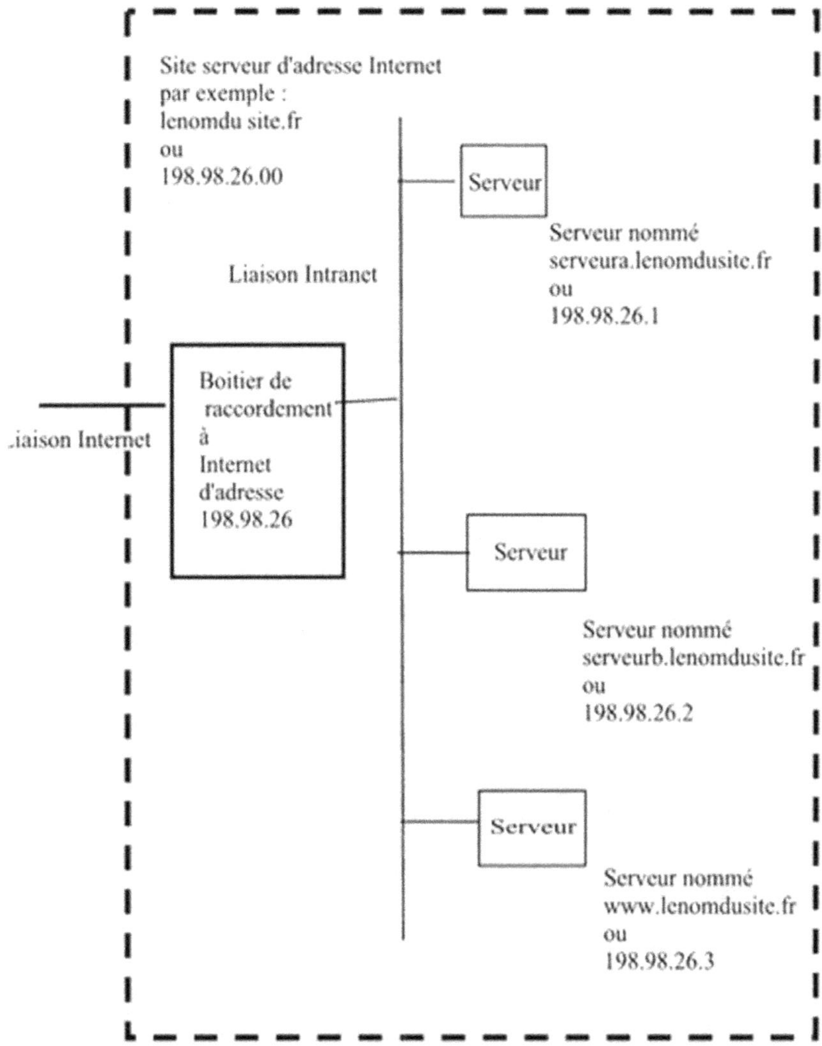

Un réseau fermé

UN VASTE RESEAU – WAN (Wide Area Network)

Un réseau étendu, est un réseau informatique ou un réseau de télécommunications couvrant une grande zone géographique, typiquement à l'échelle d'un pays, d'un continent, ou de la planète entière. Pour les vastes réseaux, comme pour la récupération des bagages, c'est un peu plus compliqué que de simplement récupérer des bagages dans un aéroport. Considérons ce qui arrive sur un vol long avec plusieurs arrêts et quelques changements d'avions. Lorsque vous arrivez à votre aéroport de départ, une étiquette identifiant votre aéroport d'arrivée est collée sur votre valise.

Lorsque vous changez d'avion, on suppose que vos bagages prennent le même avion que vous et que les bagagistes, à l'aéroport intermédiaire trient les bagages arrivants et les orientent. Chaque bagage est étiqueté avec sa destination. Des bagages restent à l'aéroport, d'autres vont vers un autre aéroport et quelques-uns qui ne peuvent atteindre directement leur aéroport de destination ont besoin d'être routés à travers un aéroport intermédiaire qui est la prochaine étape en direction de leur destination. Si l'aéroport courant correspond à l'aéroport de destination noté sur l'étiquette, le bagage est envoyé sur le tapis roulant pour une livraison locale. Si un objet est envoyé dans une mauvaise direction, un mécanisme doit être mis en place pour repérer l'erreur et envoyer le bagage dans la bonne destination.

Le traitement des bagages aériens est un exemple concret des problèmes auxquels doivent faire face des milliers de fois à la seconde les grands réseaux.

Chaque équipement doit avoir une identification unique sur son réseau local. Chaque destination intermédiaire et finale doit avoir une identification. Deux réseaux ou aéroports ne peuvent avoir le même symbole d'identification. Des procédures doivent être en place pour router les messages entre la source et la destination. Les aéroports utilisent des bagagistes. Les réseaux utilisent des routeurs et des protocoles de routage. Si une destination intermédiaire est d'un type différent de celui de la source et ou de la destination, tous doivent se mettre d'accord sur les procédures pour éviter la confusion. Lorsqu'un problème survient, comme cela se produira certainement, un mécanisme doit être en place pour tenter de corriger les erreurs.

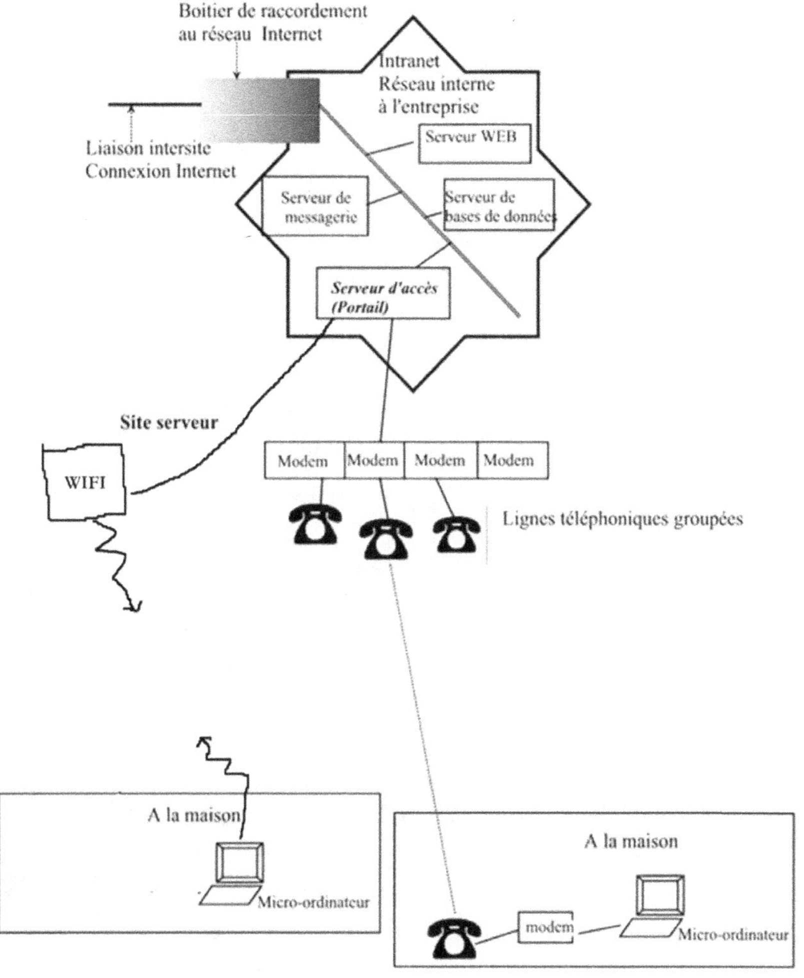

LE RESEAU POINT A POINT

Dans la majorité des cas, le réseau est multipoint, c'est à dire qu'il existe un serveur auquel se connectent un grand nombre de station. La connexion multipoint est une connexion établie entre plus de deux périphériques

Il peut aussi exister des réseaux multipoints. Dans ce cas, il existe un lien dédié entre deux appareils. Il y a un seul émetteur et un seul récepteur. Chaque appareil peut être émetteur comme récepteur. Les échanges s'effectuent selon le protocole « Point to Point Protocol (rfc 1661) »

Les échanges peuvent être effectués sans contrôle central ; il est cependant nécessaire de disposer d'un répertoire des appareils disposer à échanger.

UN PEU D'HISTOIRE

Vous utilisez tous les jours un réseau, c'est le réseau téléphonique. Internet est un réseau qui présente des points communs avec le réseau téléphonique. Il transporte des données et de la voix. Il met en communication des équipements terminaux qui ont une adresse individuelle qui ressemble au numéro de téléphone. Il vous permet de communiquer avec des interlocuteurs aux quatre coins du monde à travers les frontières et les océans avec la même facilité qu'avec un correspondant local. Ce sont les fournisseurs d'accès et les organismes de télécommunications qui gèrent le réseau Internet.

> Note :
> L'intérêt pour les réseaux informatiques et les premières tentatives de communications entre ordinateurs sont nés aux Etats-Unis d'Amérique dès les années 1960. Les premières réalisations sont apparues dans le cadre d'un contrat proposé par l'ARPA qui souhaitait que tous les ordinateurs puissent communiquer quel que soit leur constructeur. Le premier réseau, Arpanet, a ainsi vu le jour. L'essor est venu lorsque des normes d'échange et de connexion développées dans le cadre de contrats par des universités ont été imposées par l'armée américaine à tous ses fournisseurs : il s'agit de TCP/IP soit en anglais Terminal Control Protocol / Internet Protocol. Le réseau a commencé par se développer dans les universités américaines sous le nom d'Internet et s'est très rapidement généralisé à partir des années 1990. TCP/IP s'est rapidement révélé comme le protocole de base.

Internet n'est pas un réseau centralisé : il n'y a pas quelque part un gros ordinateur qui gère tout. Même si une partie du réseau s'arrête, tout le reste continue de fonctionner. Les documents qui décrivent tous les protocoles fondamentaux sont publics et consultables sur Internet. Internet est une association ouverte de milliers de réseaux et de millions d'ordinateurs qui se parlent entre eux pour partager de l'information. Sur Internet, les liaisons principales traitent notamment le trafic intercontinental ; elles présentent des débits énormes, sont les plus grosses artères et sont la propriété des distributeurs d'accès à Internet, des entreprises de télécommunications et des états.

L'apparition de supports de transmissions peu coûteux, câbles, fibres optiques permettant des transmissions de plus en plus rapides, la standardisation des protocoles de transfert au niveau physique et l'apparition de serveurs dans tous les pays du monde ont permis une extension continue et rapide de l'étendue et de l'usage des réseaux. Le succès universel est arrivé avec l'apparition des navigateurs et des serveurs d'informations qui supportent l'image et le son. Internet est né aux Etats Unis d'Amérique et continue à évoluer très rapidement. La majorité des produits qui sont cités dans ce livre sont américains.

ICANN (Internet Corporation for Assigned Names and Numbers)

Pour contacter une personne sur Internet, vous devez saisir une adresse sur votre ordinateur, qu'il s'agisse d'un un nom ou un numéro. Cette adresse doit être unique pour permettre aux ordinateurs de s'identifier entre eux. L'ICANN coordonne ces identifiants uniques à l'échelle internationale. Sans cette coordination, nous n'aurions pas le réseau Internet mondial unique que nous connaissons.

Note : L'ICANN a été fondée en 1998 et rassemble, au sein d'un partenariat à but non lucratif, des personnes du monde entier qui œuvrent au maintien de la sécurité, de la stabilité et de l'interopérabilité d'Internet. L'ICANN n'a aucun contrôle sur le contenu publié sur Internet.

L'ICANN joue un rôle administratif au regard des adresses IP utilisées par les ordinateurs semblables à celui qu'elle tient avec les noms de domaine utilisés par les hommes. Tout comme il est impossible qu'il y ait deux noms de domaine identiques (ce qui rendrait la navigation sur Internet totalement aléatoire), il ne peut y avoir deux adresses IP semblables. L'ICANN est un référentiel central d'adresses IP, à partir duquel des plages d'adressage sont fournies aux registres régionaux, qui les distribuent à leur tour aux fournisseurs d'accès.

Le rôle de l'ICANN est de superviser le réseau interconnecté gigantesque et complexe d'identifiants uniques qui permettent aux ordinateurs de se reconnaître entre eux sur Internet.

C'est ce que l'on appelle communément la « résolvabilité universelle », grâce à laquelle où que vous soyez sur le réseau – et donc dans le monde – vous recevez les mêmes résultats prévisibles chaque fois que vous accédez à Internet. Sans cela, on pourrait avoir un réseau qui se comporte de manière radicalement différente selon l'endroit où l'on se trouve dans le monde.

L'ICANN est constituée de plusieurs groupes distincts, représentant chacun un intérêt différent sur Internet et participant ensemble aux décisions finales prises par l'ICANN.

Il existe trois « organisations de soutien » représentant :

- les organisations qui gèrent les adresses IP ;
- les organisations qui gèrent les noms de domaine ;
- les responsables des domaines nationaux de premier niveau (qui constituent une exception notable, comme expliqué ci-après).

Note : L'ICANN est une société d'utilité publique à but non lucratif, et ses « directeurs » ont l'obligation légale de s'acquitter de leurs devoirs aux termes du droit des sociétés.

Pour en savoir plus sur l'ICANN, on peut se connecter sur son site :

www.icann.org

LA CONNEXION A INTERNET

Note : Lorsque vous vous connectez à Internet, vous avez accès au monde entier mais vous ouvrez aussi votre équipement au monde entier. Toute personne connectée peut vous voir. Vous pouvez atteindre tout objet connecté.

Toute machine qui se connecte sur le réseau doit parler TCP/IP pour envoyer et recevoir des données.

Définition : Que signifie TCP/IP ?
TCP/IP signifie Transmission Control Protocol/Internet Protocol (Protocol de contrôle des transmissions/Protocole Internet). TCP/IP est un ensemble de règles normalisées permettant aux ordinateurs de communiquer sur un réseau tel qu'Internet.

Bien des tâches que nous réalisons en les utilisant, que ce soit envoyer des e-mails, regarder un film ou trouver son chemin, impliquent une communication entre les ordinateurs. Ils peuvent appartenir à différentes sociétés ou être situés dans différentes parties du monde, et les individus ou les logiciels qui les utilisent peuvent parler des langues différentes ou être codés dans des langages de programmation divers. Les ordinateurs réalisent tout cela grâce à des protocoles. Un protocole est un ensemble convenu de règles.

TCP/IP créé un réseau d'échange de paquets dans une enveloppe qui contient l'adresse de l'expéditeur et l'adresse du destinataire. Le paquet est remis au réseau et le protocole IP le prend en charge et l'achemine vers l'adresse du destinataire en passant par différents routeurs ou nœuds de réseau qui choisissent la meilleure route à un instant donné. Le routeur reçoit le paquet et examine l'adresse de destination et choisit le chemin. Chaque paquet ou trame représentant une partie d'un message peut transiter dans le réseau en empruntant un chemin différent. TCP, à destination vérifie que tous les paquets qui constituent un message sont présents et intacts et reconstitue le message. TCP/IP est le fondement du réseau Internet.

TCP et IP sont deux protocoles de réseau informatique distincts.

> Note : IP est la partie qui obtient l'adresse à laquelle les données sont envoyées. TCP est responsable de la livraison des données une fois que cette adresse IP a été trouvée.
> TCP/IP décompose chaque message en paquets, et ces paquets sont ensuite réassemblés à l'autre extrémité.

Voyez cela de la manière suivante : l'adresse IP est similaire au numéro de téléphone attribué à votre smartphone. TCP est toute la technologie faisant sonner le téléphone et vous permettant de parler à un interlocuteur sur un autre téléphone. Ils sont différents l'un de l'autre, mais ils sont également dénués de sens l'un sans l'autre.

TCP/IP est un protocole de liaison de données utilisé sur Internet. Son modèle est divisé en quatre couches distinctes. La ***couche de liaison de données***, également appelée couche d'interface réseau ou couche physique, gère les parties physiques de l'envoi et de la réception de données à l'aide du câble Ethernet, du réseau sans fil, de la carte d'interface réseau, du pilote de périphérique de l'ordinateur, etc. ***La couche Internet, également appelée couche réseau,*** contrôle le mouvement des paquets sur le réseau. ***La couche transport*** fournit une connexion des données fiable entre deux appareils. Elle divise les données en paquets, accuse réception des paquets qu'elle a reçus de l'autre appareil et s'assure que ce dernier accuse réception des paquets qu'il reçoit. ***La couche application*** est le groupe d'applications nécessitant une communication réseau. Il s'agit généralement de l'application avec laquelle l'utilisateur interagit, comme les e-mails et la messagerie. Parce que les couches inférieures gèrent les détails de la communication, les applications n'ont pas besoin de s'en préoccuper.

Il faut noter que la connexion TCP/IP donne aux usagers de l'extérieur des possibilités d'accès significatives à votre équipement. Internet est plein de gens qui savent comment s'infiltrer dans votre système à travers une connexion Internet.

Lorsque les paquets sont transmis entre ordinateurs, ils sont vulnérables parce que les autres peuvent les voir. C'est une des raisons pour lesquelles il est conseillé d'éviter les réseaux Wi-Fi publics lors de l'envoi de données devant rester confidentielles et d'utiliser le chiffrement.

Note : pour vous protéger, vous pouvez étudier l'installation d'un pare-feu au point d'accès de votre Internet, à défaut sur votre ordinateur. Juste comme les murs pare-feu dans les immeubles ralentissent l'expansion des flammes, un pare-feu de réseau empêche les intrus de s'ouvrir l'accès de votre réseau. Vous pouvez chiffrer vos données en utilisant un réseau privé virtuel (VPN)

Aucune institution, aucun gouvernement, aucune entreprise ne contrôle seul, Internet : Internet est véritablement une entreprise collective coopérative. Beaucoup d'institutions et de sociétés collaborent au bon fonctionnement d'Internet.

Note : Beaucoup de gouvernements veulent légiférer autour d'Internet ; mais malgré leur souhait d'imposer le contrôle absolu de toute information, une sorte de censure, il reste un peu de liberté ! Mais pour combien de temps ? Personne ne peut véritablement et heureusement à l'heure actuelle prendre le contrôle total d'Internet. En cas de crise, il arrive que des gouvernements arrêtent Interner sur tout leur territoire.

Pour obtenir l'accès à Internet, il existe actuellement deux moyens principaux, la liaison fixe filaire ou la connexion sans fil par ondes radios, WIFI ou Bluetooth.

ACCES PERMANENT PAR LIAISON FIXE A L'AIDE D'UN ROUTEUR OU BOITE DE CONNEXION

Pour vous connecter depuis votre domicile, vous utiliserez votre ligne téléphonique, la fibre optique ou un raccordement au réseau câblé de votre immeuble pour accéder à un fournisseur d'accès par l'intermédiaire d'un boitier ou routeur; le fournisseur d'accès (comme Free, Bouygues, Orange,...) vous donnera accès au réseau

Internet par l'intermédiaire de ce routeur ; c'est ce routeur qui est raccordé au réseau extérieur. Sur ce boitier, chez vous (votre domicile ou dans votre entreprise) vous pourrez connecter votre ordinateur par câble directement, ou par WIFI de même que votre téléphone ou votre télévision ou votre tablette. Un routeur est un dispositif particulier qui sait parler et avoir des échanges avec le réseau Internet mondial.

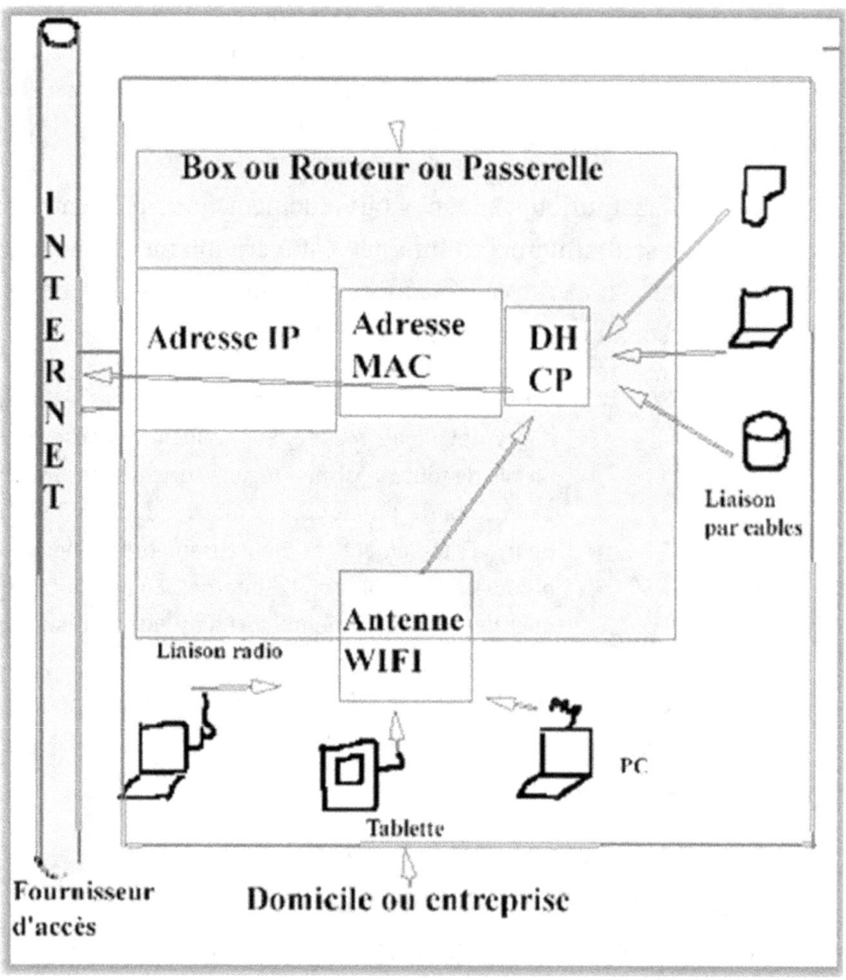

La connexion au réseau Internet avec un boitier ou routeur ou passerelle

Note : au bureau, votre micro-ordinateur sera connecté au réseau local de votre entreprise sur lequel sont accessibles

les serveurs de l'entreprise ; ce réseau peut être connecté vers l'extérieur sur Internet, par l'intermédiaire d'un routeur pour accéder aux services extérieurs. Un routeur dispose d'une adresse sur le réseau. Il sélectionne les informations qui lui sont destinées parmi celles qui circulent sur Internet et les laissent entrer sur en direction du matériel de votre domicile. Il expédie sur Internet les informations qui proviennent du réseau local qui lui est attaché et qui sont destinées à des serveurs extérieurs.

Vous devrez par contre vous intéresser aux moyens de transport et de raccordement qui seront installés entre vos matériels et le routeur et dans certain cas au protocole de transport.

La liaison permanente vers l'extérieur et Internet est filaire : les données circulent sur un câble métallique ou une fibre de verre. C'est le mode de liaison le plus sûr qui permet les débits les plus élevés sur de très longues distances. Les liaisons intercontinentales sont assurées par des câbles capables de supporter des débits énormes à très grande vitesse ; les trames correspondantes à des millions de connexions simultanées y circulent à la vitesse de lumière sur des ensembles de fibres optiques.

LA CONNEXION SANS FIL, PAR RADIO, PAR WIFI, BLUETOOTH.

Les ondes radio

Définition : Une onde est une perturbation qui se propage. Une onde transporte de l'énergie, mais ne transporte pas de matière.

Exemple : Un caillou jeté dans l'eau va créer une perturbation, qui en absorbant une partie de l'énergie du caillou, la propage alentour.

La hauteur, la distance et la durée des vagues dépend de l'énergie initialement transmise, en d'autres termes, de la masse du caillou et de la force avec laquelle on l'a jeté.
Ces oscillations (ou « ondulations ») à la surface de l'eau constituent

la façon la plus simple et directe de « voir » les ondes.
La fréquence (Hz) d'une onde électromagnétique caractérise son nombre d'oscillations par seconde. Un Hertz est égal à une oscillation par seconde.
La longueur d'onde (m) correspond à la distance entre deux oscillations.
L'amplitude : hauteur de la vague, plus l'énergie transportée par une onde est grande, plus l'amplitude est grande.
Pour plus d'informations concernant les radiofréquences consulter le site
http://www.radiofrequences.gouv.fr/

Les ondes électromagnétiques sont utilisées dans divers domaines comme la radio, la télévision, les satellites et bien entendu la téléphonie mobile.
Le principe de base est le suivant : plus une bande de fréquences est haute, moins elle porte loin. Plus une bande de fréquences est basse, plus elle se diffuse. Ce type de fréquences permet d'absorber une grande quantité de trafic à un point donné. Ainsi ces fréquences hautes sont principalement déployées dans les zones à forte densité de population comme les grandes villes et les centres villes et ne couvrent parfois que quelques centaines de mètres. On les retrouve également dans des stades, des parcs d'attractions, des infrastructures de transports, etc…
Les bandes de fréquences basses permettent de compléter la couverture, et notamment dans les lieux d'habitation car elles traversent mieux les obstacles comme les murs. C'est pourquoi, en fonction des lieux, les opérateurs associent une ou plusieurs bandes de fréquences sur la même antenne.
Or, les fréquences sont une ressource rare. De nombreux services utilisent les fréquences radios que ce soit pour la société civile ou pour les activités militaires. Il se trouve qu'il y a plus de places disponibles sur les hautes fréquences que sur les basses fréquences.
Outre leurs caractéristiques intrinsèques, les fréquences peuvent porter plus ou moins loin en fonction de la puissance de l'émission de l'antenne. Ainsi l'opérateur peut augmenter la puissance pour couvrir un rayon plus ou moins grand, appelé cellule.
Dans les zones à forte densité, les opérateurs privilégient des petites cellules et donc un nombre plus important d'antennes pour apporter

un débit plus important par personne et donc une meilleure qualité de service. Une antenne est limitée par un certain nombre de connexions simultanées, même si l'opérateur peut augmenter sa capacité.
Les antennes de télécommunication et les appareils de technologie sans fil émettent des radiofréquences. Les sources d'information portant sur les risques présumés de ces radiofréquences sur la santé sont nombreuses, et certaines causent inutilement de l'inquiétude dans la population. Pour vous aider à y voir clair, voici quelques-unes des principales conclusions des recherches scientifiques au sujet des radiofréquences.
Diverses applications utilisent les radiofréquences, dont les suivantes :
Fours à micro-ondes ; radio et télévision ; réseaux de téléphonie cellulaire ; téléphones sans fil ; bornes d'accès Internet et routeurs sans fil (Wi-Fi); appareils informatiques sans fil; interphones pour la surveillance à distance des bébés; etc.
Dans chacun de ces réseaux, les communications utilisent une gamme de fréquences déterminée. De cette façon, les différents réseaux n'entrent pas en conflit les uns avec les autres. Ces fréquences sont exprimées en hertz (Hz). Les réseaux de télécommunication les plus utilisés pour les applications destinées à la population utilisent des fréquences de quelques centaines de millions à quelques milliards de hertz (100 MHz à 5 GHz).
La puissance d'émission des différentes sources de radiofréquences est très variable et dépend de l'application. Par exemple, les antennes qui émettent les ondes de radio FM et de télévision sont très puissantes. Elles doivent en effet transmettre ces ondes sur des dizaines de kilomètres, jusqu'à nos appareils de radio et de télévision. Au contraire, la puissance d'émission des appareils utilisant la technologie Bluetooth est très faible puisque ces appareils ne transmettent généralement qu'à quelques mètres de distance. Le tableau suivant présente les puissances d'émissions de certaines sources courantes de radiofréquences. La puissance d'émission se mesure en watts (W).

Puissance d'émission de certaines sources de radiofréquences

Source de radiofréquences - Puissance d'émission (W)

Technologie Bluetooth -0,001 à 0,025 W –

Téléphones sans fil - 0,25 W au maximum

Téléphones cellulaires - 0,1 à 2 W au maximum

Bornes d'accès Internet sans fil (Wi-Fi) - 1 W au maximum

Antennes de téléphonie cellulaire - Environ 30 W

Antennes émettrices d'ondes radio FM - 100 000 W au maximum

Antennes de télévision - 2 000 000 W au maximum

La connexion sans fil se développe rapidement : ce sont des ondes radio qui transportent les trames depuis un équipent terminal jusqu'à un point d'accès.

Ces dispositifs s'adressent le plus souvent à des équipements nomades comme des ordinateurs portables, des téléphones, des tablettes ou des objets connectés. Les débits sont encore plus faibles que celui de la liaison filaire. Ils sont bien adaptés à des liaisons intermittentes moins exigeantes. Sur votre smartphone vous avez souvent le choix entre la connexion Wifi ou le mode réseau mobile lorsque vous êtes hors accès Wifi.

La connexion Wifi est la plus rapide mais demande un équipement plus important. Elle offre les mêmes services que ceux qui sont offerts pas la connexion filaire mais avec un débit plus faible. La radiotéléphonie a un débit moins important et offre des services plus limités.

Bluetooth est destiné essentiellement aux objets connectés, montres, équipements médicaux, oreillettes de téléphone… Le débit exigé est beaucoup plus faible et intermittent mais le dispositif, plus modeste exige moins de technicité et de consommation électrique. La portée depuis l'émetteur est de l'ordre de 10 mètres.

WIFI

Définition :

La marque déposée « Wi-Fi » correspond initialement au nom donné à la certification délivrée par la Wi-Fi Alliance, organisme ayant pour mission de spécifier l'interopérabilité entre les matériels conformes à la norme et de vendre le label « Wi-Fi » aux matériels répondant à ses spécifications. Pour des raisons de facilité d'usage le nom de la norme se confond aujourd'hui avec le nom de la certification

Le Wi-Fi est un ensemble de protocoles de communication sans fil Un réseau Wi-Fi permet de relier par ondes radio toutes sortes d'appareils informatiques (ordinateur, routeur, smartphone, décodeur Internet, etc.) afin de permettre la transmission de données entre eux.

La WIFI est la technologie de communication sans fil la plus couramment utilisée. Les membres de l'alliance WIFI ont une vision commune : tout raccorder, partout. Aujourd'hui, des milliards de produits Wi-Fi portent une part importante du trafic de données du monde dans une variété sans cesse croissante d'applications.

L'équipement Wi-Fi émet des champs électromagnétiques (CEM) de radiofréquences. Le niveau de CEM émis par un appareil Wi-Fi doit être conforme aux normes. Il n'y a aucun risque pour la santé lié à l'exposition aux CEM de radiofréquences des appareils Wi-Fi à la maison, dans les écoles ou dans d'autres endroits accessibles au public. D'après les données scientifiques actuelles, le niveau de radiofréquences émis par les appareils Wi-Fi n'a pas d'effet néfaste pour la santé.

Grâce aux normes Wi-Fi, il est possible d'échanger des données sur des réseaux locaux sans fil. Le moyen de transport de la WI-fi est l'onde radio. La portée atteint plusieurs dizaines de mètres en intérieur (généralement entre une vingtaine et une cinquantaine de mètres). Chez vous, vous pouvez activer la WIFI sur votre routeur ou boitier.

A new naming system identifies Wi-Fi® generations by a numerical sequence

Wi-Fi 6 identifies devices that support 802.11ax technology

Wi-Fi 5 identifies devices that support 802.11ac technology

Wi-Fi 4 identifies devices that support 802.11n technology

Source wifialliance (https://www.wi-fi.org)

Dans des lieux publics, des fournisseurs d'accès à Internet peuvent établir un réseau Wi-Fi connecté à Internet dans une zone à forte concentration d'utilisateurs (gare, aéroport, hôtel, train…). Ces zones ou points d'accès sont appelés bornes Wi-Fi ou points d'accès Wi-Fi ou « hot spots ». Ils peuvent accueillir un grand nombre de connexions simultanées.

Dans tous les cas, la connexion passera par l'intermédiaire d'un fournisseur d'accès qui aura mis en place dans un lieu déterminé un point d'accès WIFI au réseau.

Depuis sa création en 1997, chaque génération de Wi-Fi vise à augmenter la capacité et le débit dans les environnements denses, à étendre la portée du réseau et à réduire la consommation d'énergie pour répondre aux attentes des utilisateurs pour les utilisations existantes et émergentes. Le type d'échanges se complexifie.

Les débits évoqués sont des maximums théoriques. Ils seront donc toujours inférieurs dans la pratique, même dans des conditions parfaites. Sachez ensuite que le signal est perturbé par la présence de murs, d'un four à micro-ondes (sur la bande des 2,4 GHz) et dépend de la distance évidemment. Les débits peuvent ainsi chuter rapidement et la connexion se retrouver coupée, même sur de courtes distances.

Standard	*Bande de fréquence*	*Débit théorique maximum*	*Portée*
WiFi A 1997)(802.11a)	5 GHz	2 Mbit/s	10m
WiFi B(802.11b)	2.4 GHz	11 Mbit/s	100m
WiFi G(802.11b)	2.4 GHz	54 Mbit/s	100m
N (4)	2.4 GHz et 5 GHz	De 72 à 450 Mbit/s	250m
AC (5)	5 GHz	1.73 Gps	35m
802.AX (6) (2019)	6 GHz	2.4 Gbps	

Aperçu des débits et des portées concernant des standards WIFI

De plus, en Wi-Fi les fabricants parlent toujours de Mb/s (ou Gb/s) et pas de Mo/s (ou Go/s) : pour les convertir il faut les diviser par 8. Ainsi, 300 Mb/s ne donnent « que » 37,5 Mo/s, alors que 1 Gb/s correspond à environ 125 Mo/s.

Plus une fréquence est basse, plus elle porte loin. Par contre, les fréquences élevées disposent généralement de plus de bande passante permettant ainsi d'atteindre des débits plus élevés. En Wi-Fi, les plus couramment utilisées actuellement sont 2,4 GHz (meilleure portée) et 5 GHz (meilleur débit).

Il n'est pas forcément nécessaire de changer votre équipement si vous avez un problème de portée chez vous (locaux éloignés, jardin, parking…), vous pouvez opter pour la solution d'un répéteur. Cet appareil va se connecter à votre box ou routeur et émettre à son tour augmentant d'autant la portée de votre réseau, le débit sera inférieur qu'avec une connexion directe, mais avec une portée bien plus importante.

Pour obtenir plus de détails consulter le site de l'organisation :

https://www.wi-fi.org

Téléphone, SMARTPHONE ou radiotéléphonie

Un smartphone ou ordiphone ou téléphone intelligent, est un téléphone mobile évolué. La téléphonie mobile est fondée sur la radiotéléphonie, c'est-à-dire la transmission de la voix à l'aide d'ondes radioélectriques entre une station de base qui peut couvrir une zone de plusieurs dizaines de kilomètres de rayon et le téléphone mobile de l'utilisateur. Les systèmes mobiles actuels fonctionnent en mode numérique : la voix est échantillonnée, numérisée et transmise sous forme de bits, puis synthétisée lors de la réception. Les progrès de la microélectronique ont permis de réduire la taille des téléphones mobiles à un format de poche.

Comme un ordinateur, en y installant des applications additionnelles il peut exécuter divers logiciels grâce à un système d'exploitation spécialement conçu pour mobiles ; en plus des fonctions des téléphones mobiles classiques il peut disposer de presque toutes les applications disponibles sur un ordinateur ou une tablette d'un agenda, de la télévision, de la navigation sur le Web, la consultation et l'envoi de courrier électronique, de la géolocalisation de la reconnaissance vocale et de la synthèse vocale etc…La taille réduite de l'écran limite le confort.

Note : Les quatre principaux systèmes sont Android (construit d'après Linux par Google), iOS (Apple) suivis de Windows 10 Mobile (Microsoft) et Blackberry OS. Ces différents systèmes évoluent rapidement et de nouvelles versions adaptées aux changements matériels apparaissent chaque année.

Il est nécessaire d'avoir une connexion à internet à haut débit pour pouvoir l'utiliser confortablement comme terminal Internet.

Les générations de réseaux

Les premiers travaux sur la téléphonie sans-fil remontent à la Seconde Guerre mondiale. Ils aboutissent aux premiers réseaux mobiles, dits réseaux 0G, en fait des systèmes radiotéléphoniques. Les réseaux de première et deuxième génération reposaient sur des réseaux analogiques et ne permettaient pas le transport de données.

En France, pour la technologie GSM, appelée 2G, deux bandes de fréquences ont été attribuées aux opérateurs : le 900 MHz et le 1 800 MHz.

Pour la technologie UMTS (Universal Mobile Telecommunications System), appelée 3G, la première bande utilisée fut le 2 100 MHz. Puis dans un deuxième temps, les opérateurs ont eu l'autorisation de réutiliser le 900 MHz, prévu à l'origine uniquement pour la 2G.

Pour le LTE (Long Term Evolution), appelée 4G, deux nouvelles bandes de fréquences ont été délivrées : le 2 600 MHz et le 800 MHz.

Les opérateurs ont également été autorisés à réutiliser le 1 800 MHz. L'Europe a récemment mis en place la neutralité technologique des fréquences, c'est-à-dire que l'opérateur est libre d'utiliser la technologie réseau qu'il souhaite (GSM, UMTS ou LTE) avec les fréquences qu'il souhaite.

La 3G

En Europe, les opérateurs ont déployé un nouveau réseau, la 3G, pour permettre l'utilisation simultanée de la voix et des données.

> Note : Le 3GPP, - 3rd Generation Partnership Project - réunit des organisations de télécommunications pour le développement de standard et fournit à ses membres un environnement stable pour produire les rapports et spécifications qui définissent les technologies 3G. 3GPP, gère cette norme et l'a constamment amélioré, notamment pour augmenter les débits - https://www.3gpp.org/ -

Le projet couvre les technologies de réseaux de télécommunications cellulaires, y compris l'accès radio, le réseau de transport de base, et les capacités de services - y compris les travaux sur les codecs, la sécurité, la qualité de service - et fournit ainsi les spécifications complètes du système. Les spécifications fournissent également des passerelles pour l'interfonctionnement avec les réseaux Wi-Fi.

Les réseaux de quatrième génération (4G)

Le LTE (Long Term Evolution) est une évolution des normes de téléphonie mobile.

La norme LTE, définie par le consortium 3GPP, a d'abord été considérée comme une norme de troisième génération car elle ne satisfaisait pas toutes les spécifications techniques imposées pour les normes 4G par l'Union internationale des télécommunications (UIT). En 2010, l'UIT a reconnu la technologie LTE-Advanced comme une technologie 4G à part entière ; puis, il lui a accordé la possibilité commerciale d'être considérées comme des technologies « 4G », du fait d'une amélioration sensible des performances.

Les réseaux mobiles LTE sont commercialisés sous l'appellation « 4G » par les opérateurs de nombreux pays

4G est le premier standard déployé dans le monde entier. C'est un choix naturel pour les opérateurs en tant que standard défini par la 3GPP.

Définition :
La 4G est définie non seulement par un seuil de débits, mais aussi par l'abandon total du mode commuté, c'est-à-dire du canal voix, celle-ci passant sur IP (VoIP). Il n'y a plus qu'un seul canal « données. »

La 5G

La 5G, apparue en 2020, promet des débits jusqu'à 10 Gb/s et une latence inférieure à 1 milliseconde. Parmi les pistes pour cette cinquième génération de réseau, on trouve des ondes millimétriques. Des fréquences hautes, plus hautes encore que celles que nous utilisons aujourd'hui, avec un maillage plus serré d'antennes pour être au plus près de l'utilisateur.

Aujourd'hui, nous sommes à nouveau en transition, cette fois-ci vers la cinquième génération de réseau sans fil : la 5G. La 5G est en cours de déploiement. Apple a présenté en novembre 2020 son premier smartphone Iphone 12 équipé de la technologie 5G.

Mais la 5G est bien plus qu'une autre évolution de réseau sans fil. Les vitesses 5G pourront être 100 fois plus rapides que la 4G que nous utilisons aujourd'hui.

Evolution du réseau sans fil				
1G	**2G**	**3G**	**4G**	**5G**
1987	1992	2001	2010	2020
2 Kbps	62 Kbps	2 Mbps	100 Mbps	10 Gbps
Service vocal de base utilisant des protocoles analogiques	Conçu principalement pour la voix utilisant les normes numériques (GSMI/ CDMA)	Premier haut débit mobile utilisant les protocoles IP (WCDMA/CD MA2000)	Un véritable haut débit mobile sur une norme unifiée (LTE)	"Internet tactile" avec des appareils compatibles avec les services et des vitesses semblables à celles de la fibre

Il y a quelque chose qui dépasse la consommation ordinaire avec la 5G. Lorsque la 5G est combinée avec des technologies de pointe comme l'intelligence artificielle et la "périphérie de l'informatique de réseau", cette technologie ouvre la possibilité de nouvelles applications. Cette convergence de technologies inaugurera une nouvelle ère. Les flottes de semi-remorques autonomes vont rouler sur l'autoroute, connectées en temps réel à un chauffeur expérimenté qui peut prendre la relève. Le contrôle à distance n'est pas possible aujourd'hui sur nos réseaux 4G. La "latence" - ou délai - entre la commande et la réponse est, en moyenne, de 100 millisecondes (0,1 seconde).Avec la 5G, la latence tombe à 1 milliseconde (0,001 seconde). Elle est pratiquement inexistante. Cela rend possible le contrôle à distance des véhicules. Les médecins opéreront des milliers de patients à des kilomètres grâce à des équipements de chirurgie robotique connectés à un réseau 5G ultra-rapide.

La 5G deviendra la toile de fond de tout un écosystème de capteurs et de dispositifs intelligents entièrement connectés, Toutes les industries ressentiront les effets du passage à la 5G. En particulier, l'automobile, les soins de santé et l'Internet des objets (IoT) devraient entraîner des transformations spectaculaires dans notre vie quotidienne

L'évolution vers la 6G est déjà prévue. Les experts de l'industrie se sont réunis lors du premier grand rassemblement sur la 6G en Finlande en 2019. Cela a conduit au lancement récent du programme phare 6Genesis (6GFP). Il s'agit d'un projet visant à développer, mettre en œuvre et tester les technologies clés nécessaires à la 6G.

Bluetooth

Définition :

Bluetooth est un standard de communication permettant l'échange bidirectionnel de données à très courte distance en utilisant des ondes radio.

Bluetooth permet de transmettre des données ou de la voix entre des équipements possédant un circuit radio de faible coût, sur un rayon de l'ordre d'une dizaine de mètres et avec une faible consommation électrique.

Note : La technologie Bluetooth a été originairement mise au point par Ericsson en 1994. En février 1998 un groupe baptisé « Bluetooth Special Interest Group (Bluetooth SIG) », réunissant de nombreuses entreprises a été formé afin de produire les spécifications Bluetooth 1.0, qui furent publiées en juillet 1999. Le nom « Bluetooth » est directement inspiré du surnom anglicisé du roi viking danois Harald à la dent bleue (en danois Harald Blåtand, en anglais Harald Bluetooth), connu pour avoir réussi à unifier les tribus danoises au sein d'un même royaume, introduisant du même coup le christianisme. Ce nom a été proposé en 1996 par Jim

Kardach d'Intel, un ingénieur travaillant alors sur le développement d'un système qui allait permettre aux téléphones cellulaires de communiquer avec des ordinateurs.(www.bluetooth.com)

Chaque appareil doit disposer d'une puce électronique contenant le protocole Bluetooth. La norme comprend des spécifications concernant la transmission physique et le format d'échange des données.

Bluetooth simplifie les connexions entre les appareils électroniques. Bluetooth permet à presque tous les appareils mobiles de correspondre entre eux. Le Bluetooth a été créé pour fournir un langage commun à une foule d'appareils qui ne pouvaient pas communiquer entre eux directement comme un ordinateur et un appareil photo ou un ordinateur de poche et un écouteur avec micro. Une application très utilisée est la communication entre téléphones mobiles, téléphones portables, et kits mains libres micro et/ou écouteurs.

Afin d'échanger des données, les appareils doivent être appariés. L'appairage se fait en lançant la découverte à partir d'un appareil et en échangeant un code. Dans certains cas, le code est libre, et il suffit d'accepter la connexion. Dans d'autres cas, le code est fixé par l'un des deux appareils et l'autre doit le connaître pour s'y raccorder. Par la suite, les codes sont mémorisés, et il suffit qu'un appareil demande le raccordement et que l'autre l'accepte pour que les données puissent être échangées.

Chaque puce Bluetooth s'accompagne d'une pile de protocoles. Il s'agit d'un paquet logiciel comprenant les services permettant d'utiliser les différents profils Bluetooth. Comme pour les pilotes d'un ordinateur, ces profils définissent quels types de données peuvent être transmis entre les appareils et quels services sont ainsi disponibles. Les profils qu'un appareil peut maîtriser peuvent généralement être lus à partir de ses données techniques. Pour permettre l'utilisation de certaines fonctionnalités, tous les appareils participants doivent supporter les mêmes profils. Il est souvent possible d'acquérir ou de compléter des profils manquants, par exemple sur le site Internet du fabricant de la puce ou du fournisseur de la pile.

> Note : pour se connecter plus facilement, les appareils Bluetooth utilisent des profils. Les profils comportent des informations sur les données à transmettre et le mode de fonctionnement de l'appareil. Par exemple, les oreillettes Bluetooth utilisent toutes le profil HSP (Headset Profile) qui impose la qualité audio (64 kbps), mais aussi le fonctionnement des boutons pour régler le volume. Les profils permettent de sortir des produits compatibles avec toutes les puces Bluetooth, sans avoir besoin de télécharger un logiciel spécial sur son téléphone.

Le réseau Bluetooth le plus courant est de classe 2, avec une portée d'environ 10 mètres.

La fréquence Bluetooth dédiée est située dans une bande ISM sans licence et est comprise entre 2,402 GHz et 2,480 GHz. En tant que dispositifs à courte portée (DCP ou AFP pour « appareil à faible portée »), les appareils compatibles répondant aux normes de Bluetooth SIG peuvent émettre dans cette plage de fréquence dans le monde entier, sans autorisation. Pour pouvoir s'identifier de façon claire dans le cadre de cette transmission, chaque appareil dispose d'une adresse MAC individuelle de 48 bits.

Un périphérique Bluetooth peut connecter jusqu'à sept autres périphériques Bluetooth dans son environnement pour créer un réseau personnel sans fil.

De manière générale, la portée maximale d'un appareil compatible Bluetooth dépend toujours de l'endroit où il est utilisé, en extérieur ou en intérieur (par exemple dans un appartement). Pourquoi cela ? Les obstacles comme les murs ou la présence de meubles imposants ou de structures métalliques, par exemple, peuvent perturber la connexion. Le mode de construction des antennes d'émission et de réception utilisées sur les supports de radiocommunication ainsi que la nature des paquets de données à envoyer constituent d'autres paramètres potentiellement déterminants pour la portée d'une connexion Bluetooth.

Les périphériques Bluetooth sont répartis en plusieurs classes qui correspondent à des améliorations successives. Aujourd'hui, il existe donc plus de dix versions de Bluetooth, compatibles les unes avec les autres, à l'exception de la version basse consommation 4.0 LE. Désormais, les versions plus anciennes comme le Bluetooth 3.0 ne sont que rarement utilisées.

Classe	*Portée (en mètre)*	
1 (1999) première norme	100	*732,2 kbit/s*
2	10	2,1 Mbit/s
3	10	2,1 Mbits/s
4		2,1 Mbits/s
5 (2016)	40	4 Mbits/s

En ce qui concerne la sécurité des transferts, la norme Bluetooth prend en charge le chiffrement sur 128 bits et l'authentification PIN.

Note : les périphériques Bluetooth fonctionnent dans une gamme de fréquences radio allant de 2,4 à 2,485 GHz. La norme Bluetooth intègre le saut de fréquence adaptif (AFH). L'AFH permet aux signaux de « sauter » en utilisant différentes fréquences de la gamme Bluetooth, réduisant ainsi l'éventualité d'une interférence en présence de plusieurs périphériques Bluetooth. L'AFH permet également au périphérique d'apprendre des fréquences déjà utilisées pour choisir un sous-ensemble différent.

Au fil des ans, on est passé de Bluetooth 1 (300 kilobits par seconde) à 1.2 (720 kb/s) puis au Bluetooth 3.0 dont la vitesse de transfert peut atteindre 24 Mb/s (mégabits par seconde), soit environ la moitié de celle qu'on peut atteindre avec le Wi-Fi 802.11g.

La version 4.0 du Bluetooth fut publiée en 2010. Elle intègre les standards Classic Bluetooth (des versions 1.0 à 3.0), High Speed (de la version 3.0) et Bluetooth low energy (LE). La véritable nouveauté provient du Bluetooth LE qui réduit fortement la consommation de la puce Bluetooth avec en outre un protocole différent. Les constructeurs peuvent décider d'implémenter le Bluetooth Low Energy seul (single mode) ou avec le Classic Bluetooth (dual mode) pour conserver la compatibilité avec les anciennes versions du Bluetooth. C'est le Bluetooth LE qui a permis la forte croissance des objets connectés puisque la consommation qu'il engendre est extrêmement réduite. De même, la latence pour la connexion et le transfert de données sont réduits. L'inconvénient, c'est un débit qui est inférieur à la première version du Bluetooth, mais les objets connectés type montres ou bracelets ne requièrent pas une bande passante très élevée.

Ces caractéristiques, permettent une augmentation de la production d'appareils Bluetooth dans les domaines de la santé, de la condition physique, de la sécurité et du divertissement à domicile. Consommant moins, les appareils peuvent être encore plus petits et plus économiques. Certains pourront continuer de fonctionner durant des années sans qu'il soit nécessaire de changer les piles.

En décembre 2013, la version 4.1 du Bluetooth est sortie. Elle met l'accent sur les objets connectés. Cette version doit apporter plus de confort d'utilisation. Par exemple, la 4G et le Bluetooth pourront communiquer entre eux pour synchroniser certaines actions. Les améliorations concernent également les débits et donc la consommation puisque moins un appareil est actif et moins il sera gourmand en énergie. Surtout, le Bluetooth 4.1 va permettre à un même appareil d'avoir plusieurs rôles. Par exemple, une montre connectée pourra être reliée à un capteur cardiaque pour recevoir les informations, mais aussi à un smartphone pour envoyer et recevoir des informations.

La norme 4.0 s'était ouverte à la Wi-Fi et ses protocoles pour assurer à Bluetooth des débits plus importants et augmenter sa portée. La version 4.2 va encore plus loin dans cette imbrication et donne aux protocoles de base plus de capacités réseau.

Pour le Bluetooth 4.2, 3 sujets principaux ont été retravaillés, la sécurité des données échangées via le protocole de communication le plus utilisé par les objets connectés, la rapidité des échanges mais surtout la frugalité énergétique.

Bluetooth 5, la dernière version se spécialise une fois encore sur les appareils IoT et a encore été amélioré à bien des niveaux par rapport à ces prédécesseurs. En effet, cette version permettrait une capacité d'envoi augmentée de 800 pour cent et une portée de jusqu'à 200 mètres (en extérieur) ou 40 mètres (en intérieur) avec une consommation d'énergie toujours aussi faible. Cette version entend également faire progresser le développement des balises Beacons, de petits émetteurs Bluetooth utilisés par exemple dans les musées pour envoyer des informations supplémentaires sur les smartphones des visiteurs.

Sécurité

Dans le domaine de la sécurité, la fonctionnalité LE Secure Connections contient un nouveau système de chiffrement au moment de l'appairage des 2 appareils, afin de fournir un plus grand niveau de sécurité. Et LE Privacy 1.2 permet d'empêcher l'utilisateur d'être suivi à la trace par l'intermédiaire de son objet connecté si Bluetooth est activé en permanence, sauf s'il l'accepte explicitement.

> *Exemple, les points de vente utilisant iBeacon pour géolocaliser leurs visiteurs à l'intérieur afin de suivre le parcours de leurs clients (via l'adresse MAC de leurs périphériques Bluetooth) devront explicitement recueillir l'acceptation de l'utilisateur.*

La sécurité est cependant beaucoup plus difficile à assurer avec Bluetooth. La facilité et l'universalité de connexion entraine un faible niveau de sécurité ; il en résulte une crainte de piratage ou de prise de contrôle des équipements par des pirates.

Vitesse de transferts

La nouvelle norme Bluetooth améliore également la vitesse des transferts de données. Les appareils compatibles avec le Bluetooth Smart pourront ainsi voir leurs échanges accélérés jusqu'à 2,5 fois. Cette progression dans les performances est notamment permise par l'augmentation de la taille des paquets diffusés, qui peuvent contenir jusqu'à dix fois plus de données qu'auparavant.

Avec Bluetooth 4.2, le téléphone ne sert plus que de passerelle entre l'objet et Internet, alors qu'il avait jusqu'à présent un rôle actif beaucoup plus déterminant. La version 4.2 accueille également une multitude de Generic Attribute Profiles (GATT), qui standardisent la manière dont communiquent les capteurs de données, dont le cardio-fréquencemètre, les balances connectées, ou les thermomètres intelligents.

IPv6 / 6LowPAN

Si la version 4.1 de Bluetooth avait posé les bases de la compatibilité avec IPv6, 4.2 termine le travail et permet donc la connexion à Internet via IPv6 et 6LoWPAN. Les couches réseaux supportent dorénavant en plus de la connexion point à point le protocole IPv6 dans deux formes, la première classique comme on la connaît sur les autres réseaux, la seconde très basse consommation. Cela permettra notamment aux infrastructures IP existantes de prendre en charge les appareils compatibles. Bluetooth est maintenant capable de dialoguer avec toute la puissance du Wi-Fi

Le but

Toutes ces nouveautés ont un but unique, mettre le Bluetooth au cœur de la connexion de l'internet des objets, de la montre connectée à la moindre ampoule ou aux futurs réfrigérateurs.

Pour les objets connectés, le Bluetooth est primordial. Il permet de transmettre des informations entre plusieurs appareils sans consommation excessive et surtout avec une interopérabilité quasi parfaite. Le Bluetooth n'a donc pas fini de faire parler de lui.

On devrait voir apparaître de plus en plus d'ordinateurs, de téléphones cellulaires, de téléphones intelligents, de cadres photo, d'appareils médicaux, de lecteurs multimédias et d'appareils photo numériques équipés du Bluetooth.

Note : Bluetooth devrait connaître d'importantes retombées dans le domaine médical maintenant qu'il a été adopté par la « Continua Health Alliance », une importante coalition américaine de services de santé et de compagnies qui développent des technologies dans ce domaine.

Bluetooth a été choisi parce qu'il permet la transmission sans fil sur de courtes distances avec une faible consommation d'énergie et qu'il peut être intégré à des objets aussi petits que des montres, des stylos, des pendentifs ou des capteurs. On va ainsi voir apparaître sur le marché de plus en plus d'appareils sans fil qui prendront la température, le rythme cardiaque, la pression et transmettront ces données en temps réel à des logiciels ou à des professionnels de la santé.

Comme nous venons de le voir, Bluetooth a évolué afin de coller aux nouveaux usages. Selon tous les experts, le marché des objets connectés devrait exploser. Frigos connectés, montres connectées, brosse à dents connectée, tout est possible. Les appareils qui communiquent avec nos smartphones existent déjà et l'imagination humaine devrait bien réussir à créer de nouveaux usages.

Dangers

Bien sûr, les objets connectés n'ont pas que des avantages. Étant donné qu'ils utilisent un système d'exploitation et une connexion sans fil, il est possible de les pirater. Il y a donc un risque pour la sécurité des données personnelles et d'intrusion dans la vie privée. Le protocole Bluetooth a beau être sécurisé, les hackers peuvent facilement le pirater pour accéder aux données d'un objet connecté. Il y a aussi le risque de panne plus élevé puisque les appareils embarqueront davantage d'électronique avec des pièces moins facilement réparables.

L'installation de puces électroniques sous la peau communicantes pourrait être un puissant moyen de contrôle et de suivi des individus et de privation de liberté. Enfin, concernant la nocivité du Bluetooth pour la santé, on peut s'interroger, même si la puissance d'émission est largement plus faible que celle du Wi-Fi.

MATERIELS ET LOGICIELS SUR VOS OUTILS DE CONNEXION

Pour se connecter au réseau, les ordinateurs doivent disposer de cartes et de logiciels spécialisés de communication. Les échanges respectent un protocole, c'est à dire une langue et des règles définies de manière précise. Les protocoles les plus utilisés sont Ethernet et TCP/IP (Terminal Control Protocol/ Internet Protocol). Tout élément directement connecté au réseau doit respecter ces protocoles.

Vous n'avez pas besoin de savoir comment l'information circule entre votre fournisseur d'accès et les sites serveurs.

LES ADRESSES SUR INTERNET

Chaque élément sur le réseau a une adresse qui est unique sur le réseau. Cette adresse identifie un équipement connecté quel que soit son lieu de résidence. Cette caractéristique permet l'universalité du réseau et la communication mondiale sans ambiguïté. A un instant donné sur le réseau, il n'y aura qu'un seul équipement disposant d'une adresse définie. Si un message est envoyé à une adresse, le réseau déterminera le lieu précis d'existence du destinataire et distribuera le message au bon endroit ; si le destinataire n'est pas opérationnel et que le message ne peut pas être délivré, l'envoyeur en sera averti et devra agir en conséquence. Le réseau ne conserve pas les données qui transitent ; il les achemine uniquement.

ADRESSE MAC

Une adresse MAC (Media Access Control), parfois nommée adresse physique, est un identifiant physique stocké dans une carte réseau ou une interface réseau. Elle est unique au monde. Toutes les cartes réseau ont une adresse MAC, même celles contenues dans les PC et autres appareils connectés (tablette tactile, smartphone, consoles de jeux...). Elle est unique au monde. Elle figure dans les trames échangées sur Internet à côté de l'adresse IP.

Note : elle est délivrée par l'Institute of Electrical and Electronics Engineers ou IEEE, en français l'« Institut des ingénieurs électriciens et électroniciens », qui est une association professionnelle. L'organisation a pour but de promouvoir la connaissance dans le domaine de l'ingénierie électrique (électricité et électronique). Juridiquement, l'IEEE est une organisation à but non lucratif de droit américain

TCP/IP ET ADRESSE IP

TCP/IP est sans contestation possible la famille de protocoles réseaux la plus largement répandue. Plusieurs facteurs contribuent à sa popularité :

Maturité. La définition des protocoles TCP/IP a commencé dans les années 1970 pour satisfaire la demande du département de la défense des Etats-Unis d'Amérique qui souhaitait disposer d'un protocole robuste et universel. TCP/IP a atteint un haut niveau de sécurité et est devenu le dispositif standard pour une longue période.

Ouverture. TCP/IP est le seul protocole qui dispose d'un processus ouvert de définition du standard. Les discussions se tiennent sous la forme de demandes de commentaires qui sont postées et débattues publiquement sur Internet. Les propositions et les débats sont ouverts et non réservés aux membres du comité des standards.

Absence de propriétaire. D'une manière réelle, c'est la communauté des utilisateurs qui possède TCP/IP. Les autres protocoles, sans aucune exception, sont des protocoles propriétaires, possédés par les vendeurs. Les utilisateurs n'ont que peu ou pas d'accès aux protocoles propriétaires et les fabricants doivent souvent payer un droit de licence pour installer des protocoles propriétaires sur leurs produits.

Richesse. TCP/IP est aujourd'hui une suite de protocoles qui fournit un vaste ensemble de fonctionnalités. Tout peut être fait sur le réseau avec TCP/IP.

Compatibilité. TCP/IP est le seul protocole qui fonctionne sur tout. Les fabricants de système d'exploitation considèrent maintenant que TCP/IP est indispensable. Quel que soit le matériel, vous trouverez probablement en cherchant un peu au moins une implémentation de TCP/IP.

Il n'est possible que d'effleurer le sujet TCP/IP, un sujet qui exigerait beaucoup de volumes pour être approfondi.

ADRESSES IP

Note : Les adresses réseaux (IP), à la différence des adresses physiques (MAC), ne sont pas inscrites dans le matériel Les adresses réseaux sont assignées par l'administrateur réseau et sont configurées logiquement dans les équipements du réseau.

Un même matériel aura toujours son adresse MAC fixe mais son adresse IP peut évoluer selon les besoins de l'administration réseau ; cependant ces adresses seront toujours uniques sur le réseau Internet mondiale ;

Si vous exploitez un réseau TCP/IP isolé, non connecté à Internet, vous pouvez choisir les adresses comme bon vous semble. Par contre, sur Internet, vous n'êtes pas libre de choisir votre adresse IP. Pour obtenir l'unicité des adresses, il faut qu'il existe une autorité unique. Pour se connecter à Internet et entrer dans l'annuaire mondial, il faut demander une adresse ou un groupe d'adresse auprès de l'organisation qui les gère au niveau mondial ou auprès d'un fournisseur agrée.

Les adresses IP sont des nombres de 32 (IPV4) ou 128 bits (IPV6) ; IPV6 est apparu lorsque le nombre d'adresses de réseaux est devenu trop grand pour être représenté par 32 bits ; les deux adressages sont compatibles. La méthode utilisée pour encoder les adresses dans une adresse IP est un peu déconcertante pour les nouveaux venus et est la première difficulté pour les débutants.

Adresse IPV4

Un exemple d'adresse IPV4 de 32 bits est donné ci-après.

11000000100001010000011110000000010

Ce n'est pas aisé à analyser. Et il est véritablement difficile de distinguer des différences entre deux nombres. En supposant que les deux nombres ne soient pas sur la même page, avec quelle vitesse pourriez-vous déterminer la différence entre le nombre précédent et le suivant : cette petite différence entraîne une grande différence dans la manière dont l'adresse fonctionne. Pour faciliter le travail, les adresses 32-bit sont divisées en quatre octets (sections de 8-bits) :

110001.00001010. 00011110. 00000010

Ce n'est pas encore très facile, mais l'étape suivante facilite considérablement les choses. Chacun des octets peut être représenté par un chiffre numérique de 0 à 255. Ceci nous conduit à la méthode plus conventionnelle de représentation d'une adresse IP :

193.10.30.2

Ce format est appelé communément la notation décimale à point.

Bien que les adresses IP soient ordinairement représentées en notation numérique, il est important de garder présent à l'esprit la représentation sous-jacente en binaire. Le fonctionnement d'IP est défini sur la base de représentation binaire et non sur la représentation décimale habituellement utilisée.

IPV6

Une adresse IPv6 est longue de 128 bits, soit 16 octets, contre 32 bits pour IPv4. On dispose ainsi d'environ $3,4\times10^{38}$ adresses.

Les 128 bits de l'adresse sont divisés en 8 groupes de 16 bits représentés par 4 chiffres hexadécimaux et séparés par ":" .

Exemple d'adresse : *2a01:e35:8aae:c870:1162:4eee:b661:2fe2*

*2a01:e35:8aae:*Préfixe de site

c870 ID de sous réseau

1162:4eee:b661:2fe2 ID d’interface

Les zéros à gauche de chaque groupe peuvent être omis, un ou plusieurs groupes de zéros consécutifs se notent "::".

2a01:e0c:1::1

Toute machine IPv6 n'utilise pas une adresse IPv6, mais des adresses IPv6.

Il en existe donc plusieurs. Par exemple:

- adresse de la machine dans le plan d'adressage si la machine est reliée sur internet.

- adresse de lien local obtenue par configuration automatique.

- adresse de site local, restreinte au site. Par exemple un site non relié sur Internet.

- adresse de boucle.

De plus, afin de permettre la transition en souplesse de l'IPv4 en IPv6

- une machine IPv6 est capable de communiquer aussi bien avec une machine IPv4 qu'avec une machine IPv6.

- une machine IPv6 communiquant avec une autre machine IPv6 utilise des adresses IPv4 compatibles.

DNS

Ce serait un réel fléau d'avoir à se référer à chaque hôte par son adresse IP. Un système a été développé qui permet aux usagers de se référer aux hôtes par leur nom.

Définition :

Le Domain Name System (ou DNS, système de noms de domaine) est un service permettant de traduire un nom de domaine en adresse IP de la machine portant ce nom. Le protocole de service des noms de domaine a été développé pour servir de dépôt central de noms sur Internet. Résoudre un nom de domaine consiste à trouver l'adresse IP qui lui est associée.

Les noms DNS sont supportés par TCP/IP Directory Name Service. Les noms DNS identifient les hôtes TCP/IP par leur nom et sont reconnus par les applications TCP/IP.

Les correspondances entre les noms de domaine et les adresses IP sont fournis par les serveurs racines ; à chaque fois que vous vous connectez en utilisant un nom de domaine, - par exemple, www.sncf.fr -votre machine fait une requête à un serveur racine pour obtenir l'adresse IP correspondante.

Les serveurs racines sont gérés par des organisations différentes : plus de 200 serveurs répartis dans 50 pays du monde assurent ce service. La liste des 6 serveurs racines et leurs adresses sont secrètes. Les serveurs racines de premier niveau sont hébergés en Amérique du Nord :

Les noms DNS sont organisés de manière hiérarchique.

Les adresses sont représentées sous la forme d'ensemble de lettres séparées par des points selon des normes établies comme dans les exemples suivants :

www.bonslivres.fr (site de l'auteur !)

wanadoo.fr

serveurnt.sigu7.jussieu.fr

www.microsoft.com

La casse n'est pas prise en compte. Les lettres avec des accents et les caractères spéciaux ne sont pas acceptés. Le nom entier, points compris, ne doit pas dépasser 255 caractères. Ce nom est de la forme :

nom.sous-domaine.domaine

La première couche de la hiérarchie, le nom de plus haut niveau ou domaine, consiste dans le nom assigné. Ces noms sont répartis en grandes classes.

Nom de domaine	Description
com	Organisations commerciales,
net	Organismes fournisseurs d'Internet,

org Organisation sans but lucratif

edu Le domaine EDU est exclusivement réservé aux institutions d'éducation américaine délivrant des diplômes au niveau quatre années d'études.

gov Le domaine GOV est exclusivement réservé au gouvernement américain.

mil Le domaine MIL est exclusivement réservé à l'armée américaine.

int Le domaine INT est exclusivement réservé pour l'es organisations internationales mises en place dans le cadre de traités internationaux entre gouvernements.

code de pays Deux lettres correspondant au code X500 des pays

COM, NET et ORG sont des noms de domaines de plus haut niveau disponibles pour le monde entier ; les enregistrements de sous domaines peuvent être effectués par de nombreuses sociétés accrédités. Chaque pays dispose d'un code à deux lettres. La liste complète des codes affectés à chaque pays est donnée en annexe.

Pour désigner les serveurs d'informations, la première suite de lettres est souvent « www » comme dans l'exemple suivant www.sncf.fr. Pour être plus explicite, beaucoup de grandes entreprises ont une adresse qui s'appuie sur leur nom auquel est ajouté le préfixe www et la terminaison du pays d'origine pour les connexions locales, par exemple « .fr » en France, pour le site en Français et de la terminaison « .com » pour le site international en anglais.

Note : Il est à noter que ce type d'adressage est très sensible : il suffit pour un gouvernement qui veux appliquer une censure sur certains sites de les faire disparaitre des serveurs de noms ; il n'est plus possible d'y accéder par ce type d'adresse mais seulement pas l'adressage binaire qui ne passe pas par les serveurs de noms.

UTILISER LE PROTOCOLE DE CONFIGURATION DYNAMIQUE D'HOTE –DHCP-

La procédure requise pour configurer les adresses IP sur seulement quelques ordinateurs vous a probablement fait vous demander ce qu'il en coûterait de configurer des postes sur un réseau en évolution. Cela ne prendrait pas beaucoup de temps pour réaliser que gérer les adresses IP peut vous envoyer pleurer dans la nuit.

Définition :

Avec le protocole de configuration dynamique des hôtes (Dynamic Host Configuration Protocol (DHCP)), vous n'avez qu'à coder une seule adresse IP. Toutes les autres adresses peuvent être allouées dynamiquement à partir d'une boite ou routeur lorsqu'un ordinateur demande l'accès au réseau. Les administrateurs de réseau sont déchargés de maintenir l'état de toutes les adresses IP dans l'organisation et des endroits où elles sont installées.

Simplifiez la distribution des adresses IP est la raison pour laquelle DHCP a été développé. Une autre raison est que DHCP permet à un réseau de supporter plus d'utilisateurs de TCP/IP qu'il n'y a d'adresses IP. Supposez que vous ayez une adresse qui vous donne un potentiel de 40 connexions (votre routeur en prend une). Malheureusement votre entreprise a 50 employés. Heureusement seulement 10 d'entre eux se connectent en permanence sur le réseau. Les autres se connectent occasionnellement. Après avoir affecté 10 adresses permanentes à vos réguliers, vous avez 30 adresses que vous pouvez partager entre les 40 utilisateurs occasionnels grâce à DHCP. Les utilisateurs occasionnels disposeront d'une adresse en bail (ou prêt) de durée déterminée par l'administrateur dans la limite des places disponibles. 30 pourront par exemple se connecter durant une heure puis ils devront laisser la place à d'autres utilisateurs en perdant le bail ; ils restitueront l’adresse prêtée qui sera donnée en bail à un autre.

Un client DHCP est un ordinateur qui demande une adresse IP à un serveur DHCP. Lorsqu'un client DHCP initialise un accès à un réseau TCP/IP, les événements suivants se produisent :

1. Le client émet un message de découverte qui est envoyé vers le serveur DHCP sur le réseau.

2. Le serveur DHCP répond en offrant une adresse IP.

3. Le client sélectionne une des adresses IP et envoie une demande d'utilisation de cette adresse au serveur DHCP.

4. Le serveur DHCP accuse réception de la demande et accorde l'adresse en bail.

5. Le client utilise l'adresse pour se connecter au réseau.

Les adresses DHCP sont données en bail pour une période déterminée. Lorsque le bail approche de son expiration, un client actif négocie le renouvellement du bail. Si l'adresse courante ne peut pas être réassignée, une nouvelle adresse est affectée au client. Les adresses qui ne sont pas renouvelées sont retournées au groupe d'adresses.

EXEMPLES

DHCP SUR LE BOITIER FREE

Les figures suivantes montrent un exemple de mise en place du serveur DHCP sur un routeur FREE.

Configurer mon routeur Freebox

Configuration

▾ Configuration du routeur

Etat du routeur : ACTIF INACTIF

Adresse IP Freebox : 192.168. 0 . 254

▾ Configuration du DHCP

Adresses IP du DHCP

Etat du DHCP : ACTIF INACTIF

Adresse IP début DHCP : 192.168. 0 . 10

Adresse IP fin DHCP : 192.168. 0 . 50

Les ordinateurs sont configurés de manière standard pour utiliser DHCP : ils sont clients DHCP. Les baux permanents sont listés dans le tableau ci-dessus ; ils sont mis à dispositions des équipements terminaux dont l'adresse MAC est indiquée ; le routeur peut ainsi diriger les trames au bon interlocuteur.

Le même type de serveur DHCP existe sur les routeurs ou box d'autres fournisseurs. Souvent, ils ne sont pas configurables par l'utilisateur. L'étendue des adresses possibles, 40 est précisée au serveur DHCP : soit de 192.168.0.10 à 192.168.0.50

DEMARRER LA WIFI

Sur le routeur FREE, il est nécessaire de démarrer la WIFI.

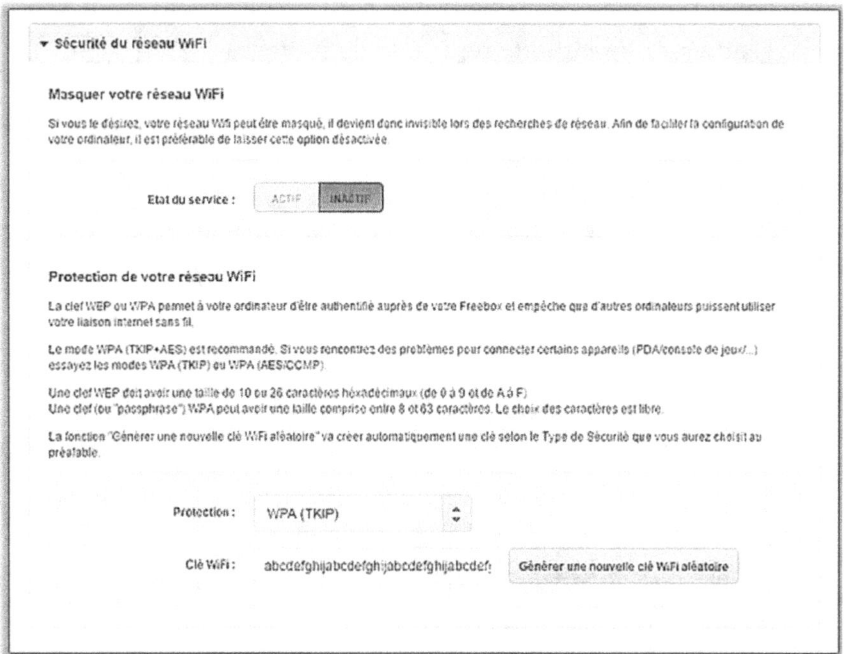

Vous devez l'activer puis choisir un mode de protection ; ici WPA(TKIP) et un mot de passe ou clé WIFI adapté. Vous devrez fournir ce mot de passe pour vous connecter par WIFI à votre routeur. En effet, sans protection toute personne, sise à proximité de votre routeur pourrait se connecter.

Il existe aussi pour la WIFI un serveur DHCP.

Le boitier Orange dispose d'un bouton externe qu'il faut enfoncer pour démarrer le serveur WIFI. Le mot de passe ou clé WIFI est inscrit sur une étiquette collée sous le boitier.

CONNAITRE SES ADRESSES IP ET MAC

L'adresse MAC est fixée par le fabricant et n'est pas modifiable.

La méthode d'allocation de l'adresse IP de votre poste dépend de votre fournisseur d'accès internet (FAI). Si vous utilisez un router, une boite, une adresse IP locale a été affectée à votre ordinateur. Elle permet au routeur de répartir le trafic internet entre les différents appareils qui lui sont connectés en s'appuyant sur le protocole DHCP. L'adresse IP publique sera celle du routeur.

En connexion nomade WIFI, elle dépend de la passerelle à laquelle vous vous connectez.

Il existe sur le réseau plusieurs sites qui vous informent, sur votre demande de votre propre adresse IP publique, de votre pays et adresse de connexion très précisément.

Windows

Sur votre propre poste, avec le système d'exploitation Windows, quelle que soit la version, vous disposez d'une commande qui vous donne la configuration réseau de votre équipement ; il s'agit de la commande ***ipconfig*** qu'il est possible de lancer depuis la fenêtre commande.

Le mode d'accès à cette commande varie selon les versions de Windows. De nombreuses options sont offertes ; je n'examinerai ici que la forme ***ipconfig all*** sous Windows 10. Une option pour accéder à cette commande consiste à entrer **cmd ipconfig all** dans l'espace de la barre des taches « Rechercher sur le web et dans Windows ». Tous les paramètres concernant votre connexion sont présents :

Adresse IP, date d'obtention du bail, date d'expiration du bail, adresse de la passerelle, du serveur de nom, adresse mac. La fenêtre suivante s'ouvre :

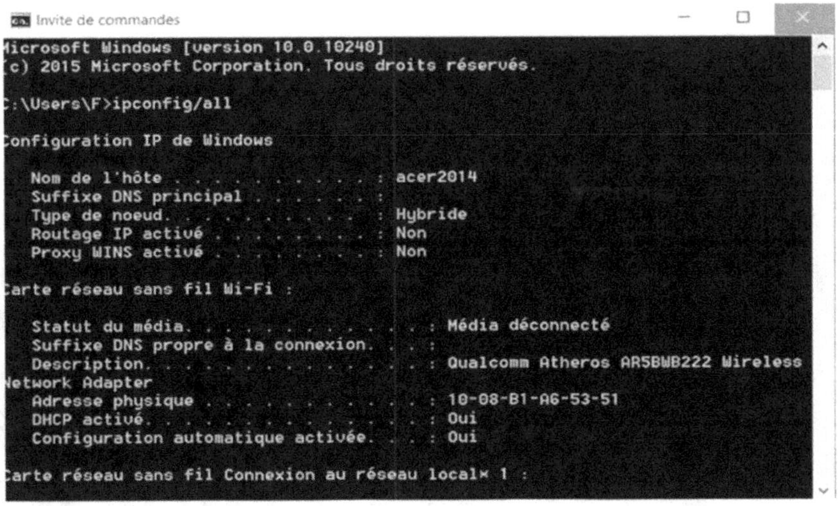

```
Invite de commandes
Microsoft Windows [version 10.0.10240]
(c) 2015 Microsoft Corporation. Tous droits réservés.

C:\Users\F>ipconfig/all

Configuration IP de Windows

   Nom de l'hôte . . . . . . . . . . : acer2014
   Suffixe DNS principal . . . . . . :
   Type de noeud. . . . . . . . . . : Hybride
   Routage IP activé . . . . . . . . : Non
   Proxy WINS activé . . . . . . . . : Non

Carte réseau sans fil Wi-Fi :

   Statut du média. . . . . . . . . . . . : Média déconnecté
   Suffixe DNS propre à la connexion. . . :
   Description. . . . . . . . . . . . . . : Qualcomm Atheros AR5BWB222 Wireless
Network Adapter
   Adresse physique . . . . . . . . . . . : 10-08-B1-A6-53-51
   DHCP activé. . . . . . . . . . . . . . : Oui
   Configuration automatique activée. . . : Oui

Carte réseau sans fil Connexion au réseau local* 1 :
```

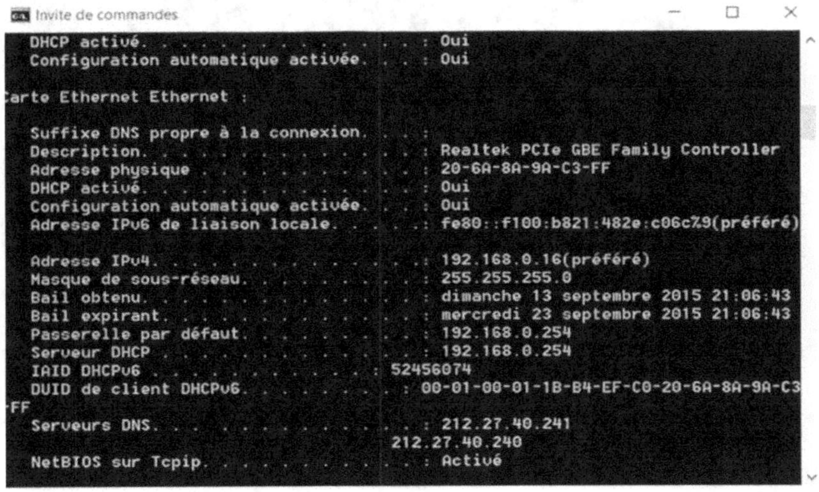

```
Invite de commandes
   DHCP activé. . . . . . . . . . . . . . : Oui
   Configuration automatique activée. . . : Oui

Carte Ethernet Ethernet :

   Suffixe DNS propre à la connexion. . . :
   Description. . . . . . . . . . . . . . : Realtek PCIe GBE Family Controller
   Adresse physique . . . . . . . . . . . : 20-6A-8A-9A-C3-FF
   DHCP activé. . . . . . . . . . . . . . : Oui
   Configuration automatique activée. . . : Oui
   Adresse IPv6 de liaison locale. . . . .: fe80::f100:b821:482e:c06c%9(préféré)

   Adresse IPv4. . . . . . . . . . . . . .: 192.168.0.16(préféré)
   Masque de sous-réseau. . . . . . . . . : 255.255.255.0
   Bail obtenu. . . . . . . . . . . . . . : dimanche 13 septembre 2015 21:06:43
   Bail expirant. . . . . . . . . . . . . : mercredi 23 septembre 2015 21:06:43
   Passerelle par défaut. . . . . . . . . : 192.168.0.254
   Serveur DHCP . . . . . . . . . . . . . : 192.168.0.254
   IAID DHCPv6 . . . . . . . . . . . : 52456074
   DUID de client DHCPv6. . . . . . . . . : 00-01-00-01-1B-B4-EF-C0-20-6A-8A-9A-C3
-FF
   Serveurs DNS. . . . . . . . . . . . . : 212.27.40.241
                                       212.27.40.240
   NetBIOS sur Tcpip. . . . . . . . . . . : Activé
```

La liaison par câble au boitier par carte internet et adresse IPV4

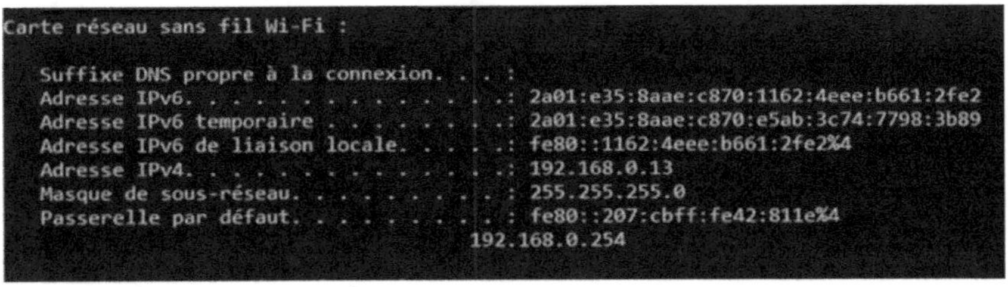

```
Carte réseau sans fil Wi-Fi :

   Suffixe DNS propre à la connexion. . . :
   Adresse IPv6. . . . . . . . . . . . . .: 2a01:e35:8aae:c870:1162:4eee:b661:2fe2
   Adresse IPv6 temporaire . . . . . . . .: 2a01:e35:8aae:c870:e5ab:3c74:7798:3b89
   Adresse IPv6 de liaison locale. . . . .: fe80::1162:4eee:b661:2fe2%4
   Adresse IPv4. . . . . . . . . . . . . .: 192.168.0.13
   Masque de sous-réseau. . . . . . . . . : 255.255.255.0
   Passerelle par défaut. . . . . . . . . : fe80::207:cbff:fe42:811e%4
                                       192.168.0.254
```

La liaison par WIFI avec adressage IPV6 et IPV4

Apple Ipad

Il faut aller dans Réglages, Wifi, information pour afficher son adresse IP et celle du routeur.

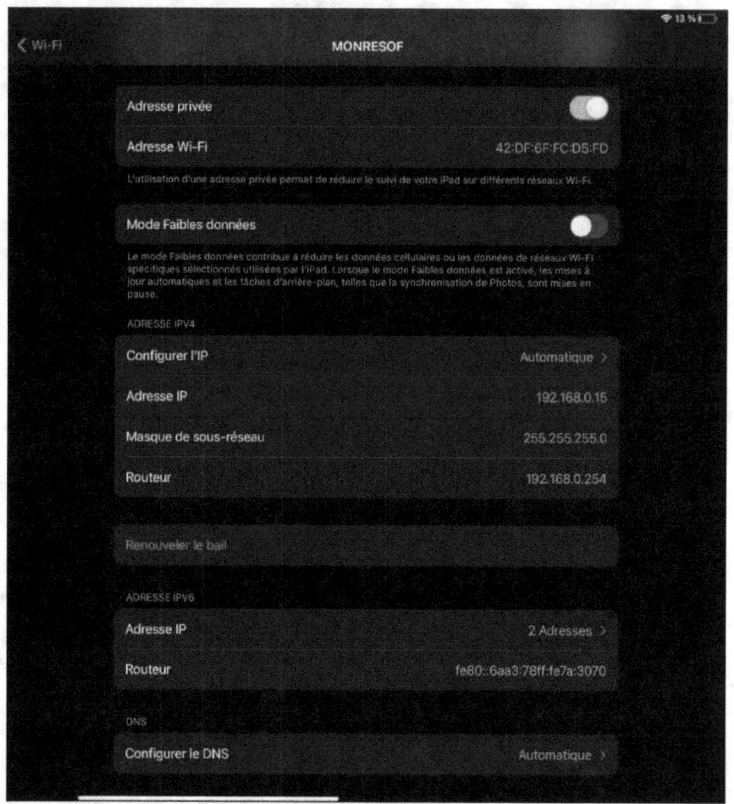

LE FONCTIONNEMENT DES SERVICES ET DES EXPLORATEURS

Le mode client-serveur.

Définition :

Tous les services sur Internet fonctionnent en mode client-serveur : le client, en fait l'équipement terminal –PC ou Téléphone ou tablette...- envoie une demande à un serveur qui lui renvoie un bloc d'information en retour. Dans tous les cas, la requête va être traitée par le service concerné et le résultat est renvoyé à l'adresse de l'expéditeur sur le réseau. Le réseau travaille en temps réel ; il ne stocke pas l'information. L'information est acheminée vers sa destination dès sa remise au réseau.

Sur le réseau l'information circule sous forme de blocs de données. Chacun de ces blocs contient l'adresse du destinataire, l'information correspondant à votre demande et l'adresse de l'émetteur. Lorsque le message est remis au réseau, il est pris en charge par les dispositifs de routage qui l'orientent vers le chemin le plus court pour atteindre le serveur auquel il est destiné. Lorsque le bloc atteint le segment de réseau sur lequel est connecté le serveur, celui-ci l'extrait du flot des blocs qui circulent sur le réseau et le laisse entrer sur le segment qu'il contrôle à destination de l'application auquel il est envoyé ; en effet dans chaque bloc est indiqué l'application concernée par un entête et donc le programme vers lequel il est destiné.

S'il s'agit d'un courrier, c'est le programme de courrier qui va le traiter, s'il s'agit d'une requête HTML, c'est le serveur WEB.

PROTOCOLE DE TRANSFERT DE FICHIERS

S'il s'agit d'un transfert de fichier, c'est le programme conforme à la norme FTP (File Transfert Protocol) qui va le prendre en charge.

Définition :

File Transfer Protocol (FTP) est un protocole de communication, associé à TCP/IP, qui permet d'envoyer des fichiers sur Internet. Le protocole FTP définit la façon selon laquelle des données doivent être transférées.

Il a pour objectifs de permettre un partage de fichiers entre machines distantes, une indépendance aux systèmes de fichiers des machines clientes et serveur et de transférer des données de manière efficace quel que soit leur format.

Le protocole FTP s'inscrit dans un modèle client-serveur, c'est-à-dire qu'une machine envoie des ordres (le client) et que l'autre attend des requêtes pour effectuer des actions (le serveur).

Lors d'une connexion FTP, deux canaux de transmission sont ouverts : un canal pour les commandes (canal de contrôle) et un canal pour les données.

Lorsque vous utilisez FTP, vous vous connectez à un serveur FTP qui vous permet d'accéder à un compte contenant des répertoires dans lesquels vous pouvez envoyer des fichiers ou à partir desquels vous pouvez en récupérer.

La MESSAGERIE

Le courrier électronique un outil extraordinairement répandu dans Internet. C'est le premier service qui s'est développé sur Internet auprès de tous les particuliers ; il a accéléré son développement.

Définition :

La messagerie permet d'acheminer des courriers électroniques entre personnes éloignées par l'intermédiaire du réseau de manière asynchrone.

Le nom anglais « email » –courrier électronique- ou en français « mèl » est resté dans le langage et les utilisateurs parlent de leur adresse e-mail ou mèl. Une adresse électronique attribuée à un utilisateur sur un serveur, comprend un identifiant unique sur le serveur et l'adresse du serveur.

@ Se lit « at » en anglais (chez) ou « arobase ». Caractère présent dans toutes les adresses e-mail et servant à séparer le nom de l'utilisateur de l'adresse de son serveur

L'adresse est de la forme :

identifiantutilisateur@adresseinterentduserveur.

Par exemple : efce157@gmx.fr

Cette adresse identifie un utilisateur sur un serveur, lui permet d'envoyer des messages et d'en recevoir. La boite à lettres est créée avec un espace de stockage ; son accès est protégé par un mot de passe connu du seul utilisateur. Sur un même serveur, les noms sont uniques.

Le nom de connexion peut être son propre nom de famille ou un pseudo. Le mot de passe doit être choisi suffisamment complexe et il faut le mémoriser.

Il existe de nombreux serveurs de messagerie sur lesquels il est possible de créer un compte, par exemple Gmail, Free, Orange…

Pour lire ses messages et en envoyer, l'utilisateur devra soit aller consulter en se connectant au serveur à l'aide d'un explorateur ou utiliser un client de messagerie qui se connectera et lui apportera ses messages sur son équipement.

Pour accéder au courrier ou envoyer un message, il existe deux options :

- ***soit vous connecter directement sur le serveur avec un explorateur et traiter votre courrier conservé sur le serveur. Dans ce cas il n'existe de stockage local***

- ***soit utiliser un client de messagerie sur votre équipement terminal qui va chercher les messages qui vous sont destinés sur le serveur et les copier sur votre équipement.***

L'avantage du courrier électronique sur le téléphone ou sur le fax est considérable. L'envoi à un ou plusieurs correspondants de messages dans le monde entier qui seront déposés sur les serveurs des destinataires à tout instant est très facile. Le destinataire pourra le consulter à son gré dans le moment qui lui convient. Vous pouvez lire votre courrier de n'importe où dans le monde lors de vos déplacements dès lors que vous avez accès (WIFI ou FIXE) et que vous disposez d'un équipement connectable (téléphone, portable, tablettes…).

Note : Vous pouvez envoyer un message à tout instant ; la présence du destinataire n'est pas utile : le message est stocké sur le serveur de messagerie qui fonctionne en permanence ; le destinataire se connecte et relève sa boite à lettres selon sa disponibilité.

Les logiciels de courrier électronique permettent d'envoyer des documents attachés au message principal. Ainsi par le courrier les utilisateurs d'Internet peuvent échanger des fichiers textes, des tableaux, des articles, des images.

Vous pouvez disposer d'un répertoire de destinataires pour enregistrer la liste des adresses des personnes avec lesquelles vous êtes en contact, créer des listes de destinataires par centre d'intérêt : l'envoi d'un message à cette liste provoque l'expédition d'une copie du message à tous les membres de la liste.

Note : Un courrier électronique contient toujours : l'adresse du destinataire, le sujet et le corps du texte. Il est signé : l'adresse de l'expéditeur fait partie du message. Le récipiendaire peut répondre, il connaît votre adresse.

Les échanges avec les serveurs respectent des protocoles.

PoP

Le protocole POP - Post Office Protocol -permet à l'utilisateur de récupérer ses courriers sur un serveur de messagerie électronique ; il établit un dialogue avec le serveur de messagerie, s'authentifie et récupère les messages.

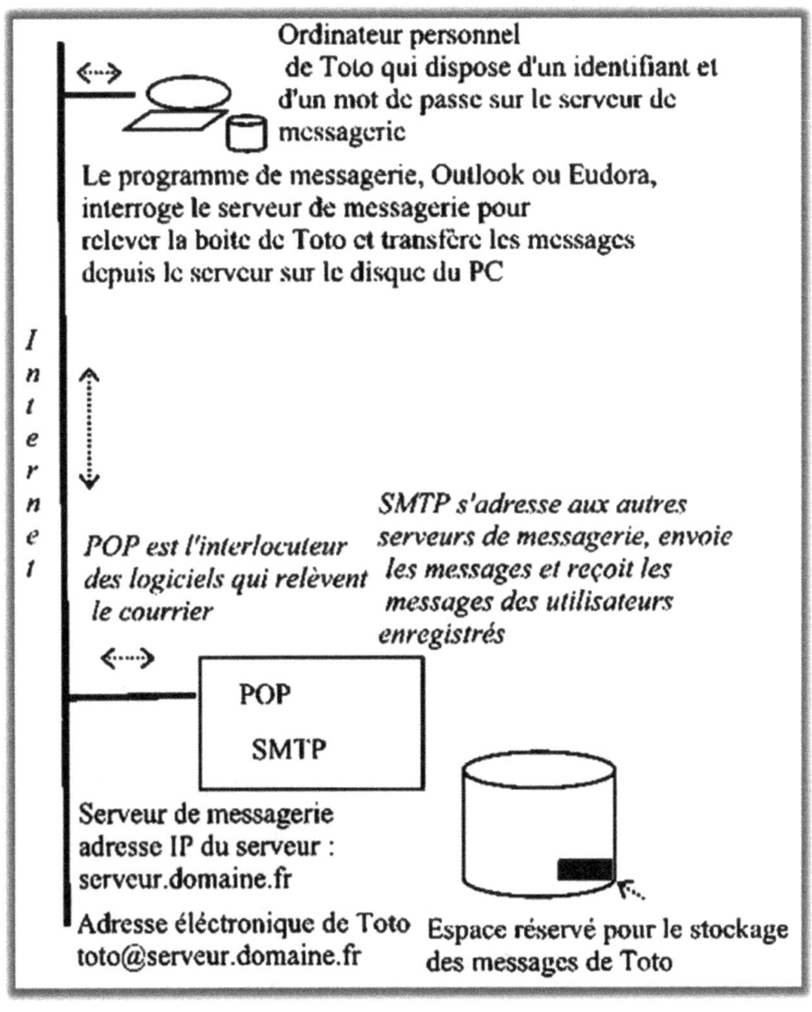

Le mécanisme des échanges de messages

IMAP

Tout comme POP, IMAP - Internet Message Access Protocol -est un protocole de récupération de messages. IMAP propose plus de services que POP et aussi plus évolués. Le protocole IMAP permet une synchronisation du courrier entre le client et le serveur et aussi une plus grande sécurité de connexion et de transfert. Les messages peuvent être archivés sur le serveur : l'utilisateur peut y accéder depuis n'importe où sur le réseau.

Utilisation d'un client de messagerie

Le client est installé sur un ordinateur disposant d'espace de stockage qui interroge le serveur et transfert les messages localement selon une politique définie ; les options sont multiples.

Il est possible par exemple :

-d'effacer selon certaines définitions les messages sur le serveur après transfert ou d'en conserver d'autres

-de détruire tout messages de publicité ou de ne transfere que certains types de correspondance,

-de classer les messages selon leur origine ou leur contenu,

-d'archiver…

De très nombreuses options sont possibles tant sur le serveur que sur le client local et sont diverses selon le type de client.

Il est important de noter que les messages peuvent être stockés sur le serveur mais aussi être consultés et gérés depuis plusieurs ordinateurs ou smartphones, à la maison et au travail sur des postes différents.

Les clients de messagerie sont nombreux. Microsoft Outlook, Mozilla Thunderbird, permettent ce type de traitement des courriers avec stockage local et sur le serveur synchronisé.

Les clients locaux ont l'avantage de la rapidité de traitement (filtres, tris, classements...) de grandes quantités de mails, permettent de gérer facilement plusieurs comptes de messagerie en même temps sans ressaisie du mot de passe sur plusieurs serveurs ; la connexion est automatique à intervalle déterminé et en arrière-plan.

D'autres appellations couramment utilisées sont : « logiciel de messagerie », « client de courrier électronique », « client courriel », « client e-mail ».

Consultation directe de la messagerie sur le serveur
Dans ce cas, la connexion est directe au serveur de messagerie à l'aide de l'explorateur –Mozilla Firefox, Chrome ou Microsoft Edge par exemple - sur le poste local. Toutes les opérations sur les messages s'effectuent sur le serveur de messagerie qui dispose d'un logiciel serveur de traitement.

Aucun message n'est conservé localement. Pour accéder à sa messagerie, il faut se connecter et fournir mots de passes et identifiant ; en cas de possession de multiples adresses de messagerie spécialisée, il faut répéter l'opération pour chaque compte et chaque serveur.

Les listes de distribution
Compte tenu du nombre sans cesse croissant d'utilisateurs de moyens de communication électroniques, des applications ont été développées pour faciliter l'échange d'informations entre des individus, qui ont des intérêts communs. La liste de diffusion ou liste de messagerie est un de ces outils.

En fait, la liste repose sur un logiciel qui a comme principale fonction de retransmettre les messages reçus vers les adresses de tous les membres abonnés à cette liste. Il s'agit donc d'une forme de livraison d'information « à la demande », en fonction de sujets d'intérêt précis. Vous pouvez sans le savoir, être inscrit dans certaines listes de distribution, soit par votre fournisseur Internet, soit par l'administrateur réseau de votre entreprise qui les utilise pour vous prévenir des éventuelles informations qui peuvent vous être utiles. En général, tout message qui provient de cette inscription dans une liste vous indique le moyen de vous désabonner ; il suffit d'envoyer un message à l'adresse indiquée dans le message ou de cliquer sur une réponse déjà mise en forme.

On utilise la messagerie électronique pour s'inscrire à une liste ou pour transmettre un message à l'intention des membres. C'est dans votre boîte aux lettres, que vous recevrez les messages qui vous sont adressés par la liste. Dans un premier temps, vous vous contenterez probablement d'écouter afin de mieux connaître les interlocuteurs et de bien cerner le sujet de la discussion. Une fois cette étape passée, vous pourrez probablement vous joindre à la discussion plus facilement. Pour s'inscrire, il suffit d'envoyer un message contenant la commande d'inscription à l'adresse de l'ordinateur où se trouve la liste. Habituellement, un nouveau membre reçoit un message confirmant que son inscription a bien été reçue. Cela se fait habituellement de manière automatisée.

Une liste peut être privée ou publique. Un groupe de travail restreint de quelques personnes peut utiliser une liste privée pour distribuer des convocations de réunion, des documents de travail privés.

Une liste peut être modérée ou non modérée. Dans le premier cas, les messages adressés à la liste sont d'abord acheminés au responsable. Celui-ci doit alors décider de la pertinence des messages reçus avant de les retransmettre à tous les membres. Ceci permet de prévenir l'envoi d'un trop grand nombre de messages et décourage les participants qui ne veulent pas passer trop de temps a lire les messages et encombrent les boites à lettres. Dans les listes non modérées, les messages adressés à la liste sont automatiquement retransmis à tous les membres

Si vous voulez répondre à un courrier en raison de votre inscription à une liste vous avez le choix de répondre à la liste et dans ce cas tous les inscrits reçoivent votre réponse ou de répondre à l’auteur directement ; dans ce dernier cas, seul le destinataire reçoit votre réponse.

Un exemple de logiciel de messagerie : Mozilla Thunderbird

Il est possible de le télécharger sur le site www.mozilla.org/fr/firefox/new. Mozilla est une communauté mondiale de technophiles, de penseurs et d’artisans travaillant ensemble afin de conserver un Internet intact et accessible à tous pour que chacun soit en mesure de l’utiliser pleinement et de l’enrichir.

Nous croyons que collaborer ensemble sur une plateforme ouverte est fondamental, tant au niveau de l'épanouissement individuel que du bien collectif.

Il existe un mode d'emploi conséquent sur le site que vous êtes invité à lire. Quelques points sont examinés ci-dessous.

Le nombre de courriers indésirables reçus est très important. Thunderbird offre des options nombreuses pour les bloquer. Dans le cas présent les courriers indésirables détectés par SpamAssassin sont d'abord orientés vers le dossier « indésirables » puis effacés au bout de 10 jours.

La personnalisation du fonctionnement pourra être réalisée à l'aide des différents onglets.

Pour transporter de gros fichiers, il faudra faire appel à un logiciel de transfert de fichiers de type FTP ; les logiciels de messagerie ne permettent pas de transférer des fichiers volumineux. Les fichiers transférés par FTP ne sont pas stockés de manière intermédiaire par des serveurs. Ils sont transportés sur le réseau en partant de la machine expéditrice directement à la machine cible.

Contrairement à des Webmail tels que Google Gmail disponible uniquement via le web, les logiciels de messagerie emails présentent des avantages certains : ils permettent, sur un même programme, d'afficher plusieurs adresses mails de manière simultanée. Cela se révèle particulièrement utile si vous souhaitez pouvoir surveiller les messages de votre boîte personnelle et de votre boîte professionnelle en même temps, en quelques coups d'œil seulement.

Des applications emails sont relativement faciles à prendre en main, Outlook par exemple. À vous de les choisir d'après vos propres critères : fonctionnalités, interface, simplicité d'utilisation, compatibilité de version avec vos comptes mail. Normalement, vous n'aurez donc pas de difficulté à y connecter toutes vos adresses.

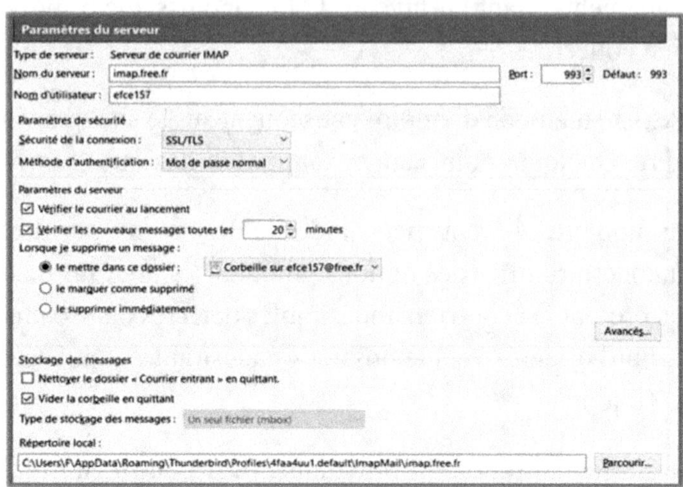

Une page des outils concernant le serveur

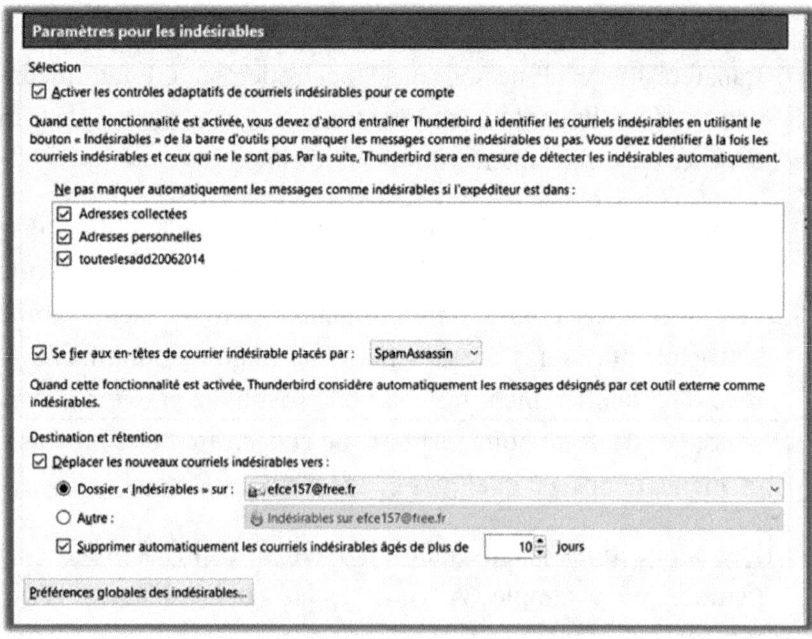

Les paramètres des indésirables (spam)

UN PROTOCOLE DE COMMUNICATION : HTTP

Définition :

L'HyperText Transfer Protocol, ou en abréviation HTTP — « protocole de transfert hypertexte » — est un protocole de communication client-serveur développé pour le Web.

Il est utilisé pour transférer des documents hypertextes entre un navigateur Internet (le client) et un serveur Web distant sur lequel sont stockées des documents (pages ou fichiers). Ces pages (ou fichiers) sont localisées sur le serveur distant grâce à une chaîne de caractères appelée « URL » (Uniform Resource Locator) qui comprend nécessairement le nom du serveur (par exemple www.bonslivres.fr) et le chemin d'accès à la page ou au fichier spécifié (par exemple http://www.bonslivres.fr/***auteurs/***...). Il existe une variante du protocole http dite « https » (HyperText Transert Protocol Secured) qui est une variante sécurisée permettant au visiteur de vérifier l'identité du site auquel il accède grâce à un certificat d'authentification. Ce type de protocole est notamment utilisé pour le commerce en ligne.

HTTP est un protocole de la couche application. Il peut fonctionner sur n'importe quelle connexion fiable, dans les faits on utilise le protocole TCP comme couche de transport. Les clients HTTP les plus connus sont les navigateurs Web permettant à un utilisateur d'accéder à un serveur contenant les données.

HTTP est un protocole servant à transmettre des documents hypermédia, comme HTML. Il a été conçu pour communiquer entre les navigateurs web et les serveurs web. Il suit le modèle classique client-serveur, un client ouvre une connexion, effectue une requête et attend jusqu'à recevoir une réponse. Bien que généralement basé sur une couche TCP/IP, HTTP peut aussi être utilisé sur toute couche de transport fiable, garantissant qu'aucune donnée ne peut être perdue en chemin.

Le protocole HTTP (HyperText Transfer Protocol) est le protocole qui sous-tend le World Wide Web.

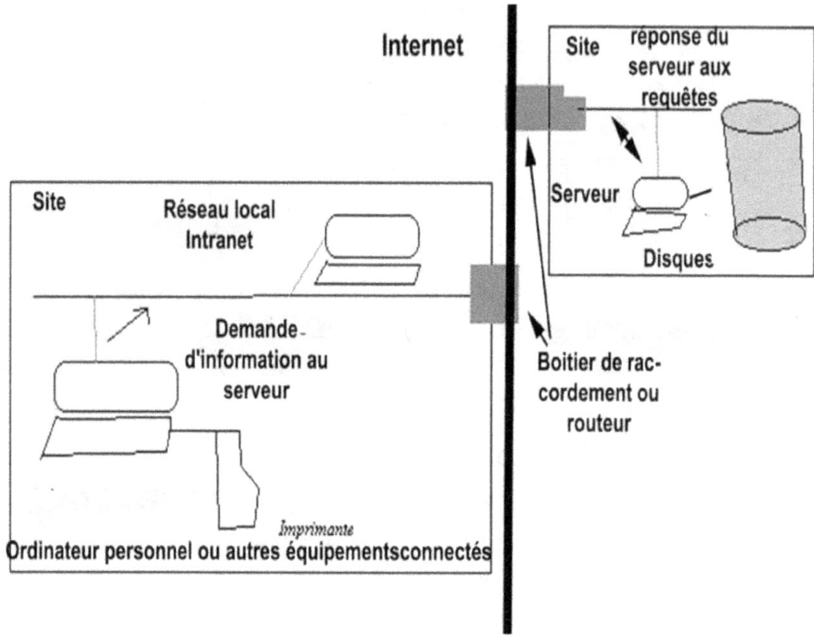

Schéma de fonctionnement des échanges sur le réseau

Conçu entre 1989 et 1991, HTTP a évolué à partir d'un protocole sommaire d'échange de fichiers sur un réseau de confiance au sein d'un laboratoire jusqu'à devenir le labyrinthe moderne d'Internet permettant désormais le transport d'images, de vidéos en haute résolution et en 3D. Bâti sur les protocoles existants TCP et IP, il consistait en quatre éléments de base :

-Un format textuel pour représenter les documents hypertextes, l'HyperText Markup Language (HTML).

-Un protocole simple pour échanger ces documents, l'HyperText Transfer Protocol (HTTP).

-Un logiciel client pour exposer (et modifier) ces documents,

-Un serveur pour garantir l'accès au document.

HTTP/1.1, première version standardisée de HTTP, fut publié début 1997. Devenu un standard officiel en mai 2015, HTTP/2 a rencontré un large succès.

Les clients HTTP ou navigateurs les plus connus actuellement sont Google Chrome, Internet Explorer de Microsoft, FireFox de Mozilla, Opera et Brave.

Les pages HTML peuvent contenir toutes sortes d'objets :

- des textes qui sont affichés sur l'écran selon les indications données par les balises HTM, des sons, - des liens vers d'autres pages HTML, des formulaires qui sont destinés à être complétés et renvoyés au serveur WEB, - des images ou des films, des adresses de fichiers de données ou de programmes à charger,

- des adresses de messagerie pour envoyer des courriers, des liens hypertextes...

Ces pages voyagent sur le réseau sous forme de paquets d'informations ; ils sont composés et stockés sur le serveur dans des bases de données ; le serveur les envoie à la demande en les adaptant à la volée ou en les personnalisant suite à une demande d'un client. Les navigateurs les reçoivent, les interprètent et affichent le résultat sur l'écran de l'appareil sur lequel ils fonctionnent.

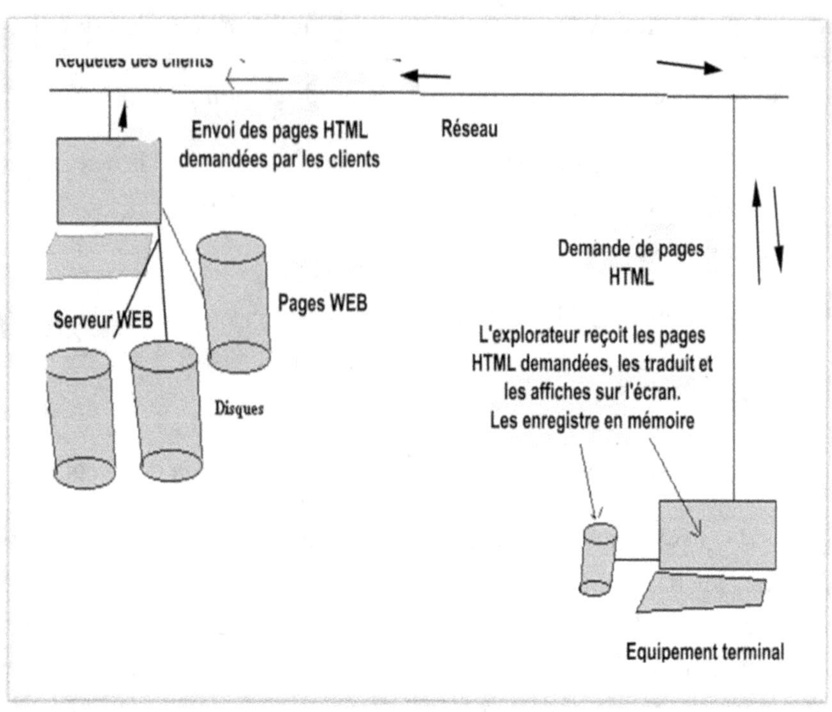

Schéma de fonctionnement des échanges avec le navigateur

LE LANGAGE HTML

Définition :

HTML, Hypertext Markup Language, est le format de données conçu pour représenter les pages web. C'est un langage de balisage permettant d'écrire de l'hypertexte, d'où son nom HTML (en français langage de balisage d'hypertexte).

HTML permet de structurer sémantiquement et de mettre en forme le contenu des pages, d'inclure des ressources multimédias dont des images, des formulaires de saisie, et des programmes informatiques. Il permet de créer des documents interopérables avec des équipements très variés de manière conforme aux exigences de l'accessibilité du web. Il est souvent utilisé conjointement avec des langages de programmation (JavaScript) et des formats de présentation (CSS, acronyme de « Cascading Style Sheets » ce qui signifie « feuille de style en cascade »). Ce langage à balises permet de décrire la présentation du texte qu'il encadre, de doter certains mots ou images de propriétés qui seront reproduites par le navigateur. D'un point de vue technique, Internet relie des serveurs qui envoient des pages HTML à des équipements terminaux dotés d'un navigateur. Le protocole de communication entre les navigateurs et les serveurs est HTTP.

EXEMPLE DE PAGE

```
<!DOCTYPE html>
<html>
  <head>
    <meta content="text/html; charset=windows-1252" http-equiv="content-type">
    <title>exemple simple</title>
    <meta content="Francois C" name="author">
  </head>
  <body>
    <p><span style="font-weight: bold;">Page simple avec image</span></p>
    <p>Quelques mots ordinaires ! avec police normale.</p>
    une image <br>
    <img style="width: 442px; height: 310px;" alt="image" src="couvadoa.jpg"><br>
    <br>
    Un lien hypertexte vers un autre serveur HTML :  <a href="">www.bonslivres.fr<br>
    </a><br>
  </body>
</html>
```

Une page en HTML sur le serveur

Les liens hypertextes permettent de voyager d'un serveur à l'autre sur le réseau Internet. Les liens hypertextes rendent la lecture plus dynamique : si vous lisez un article traitant de « l'invention du téléphone sans fil » et que votre article cite ATT, un lien hypertexte vous permettra de voir une présentation d'ATT en cliquant simplement sur le mot ATT. Un lien hypertexte renvoie à une autre adresse sur Internet. Les liens hypertextes peuvent adresser d'autres objets comme des serveurs de fichier, des serveurs de News etc.

Une page WEB est une page écrite en langage HTML qui contient des éléments – texte, images, sons, scripts … – et des instructions encadrées par des balises qui décrivent la présentation à appliquer aux éléments. Vous pouvez examiner la page HTML que vous visualisez à un instant donné avec votre navigateur en cliquant sur Affichage, Source dans la barre des menus. Vous verrez le texte affiché et les balises. De façon générale les instructions sont de la forme :

<marqueur> texte </marqueur>

ou encore

<marqueur attribut=argument> texte </marqueur>

Le début d'une balise est repéré par le caractère < et la fin par les caractères />

Un exemple de page simple est donné ci-dessous avec son codage. Seuls l'image et le code de représentation sont transmis. C'est l'ordinateur qui reconstruit la page localement.

Code HTM correspondant à l'affichage de la page ci-dessous :

<html> indique le type de codage

<head> entête

<title>exemple simple</title>

</head> fin de l'entête

<body> corps de la page

<p>page simple avec image</p> texte avec attribut gras (bold)

<p>Quelques mots ordinaires ! avec police normale</p>

**<img style="width: 442px; height: 310px;" alt="image" src="couvadoa.jpg">
 insertion d'une image avec ses caractéristiques**

**
**

**Un lien hypertexte vers un autre serveur HTML : <a href="">www.bonslivres.fr
**

**</a>
**

</body> Fin du corps de la page

</html> Fin de la page

Il existe de nombreuses autres balises ainsi qu'on pourra le constater en visualisant les sources des pages WEB qui sont interprétés dans votre navigateur par Affichage, Source.

Page simple avec image

Quelques mots ordinaires ! avec police normale.

Un lien hypertexte veers un autre serveur HTML : www.bonslivres.fr

Reconstitution du fichier HTML sur l'équipement terminal par l'explorateur

LES EDITEURS HTML

De nombreux ouvrage décrivent le langage HTML. Le lecteur pourra en acquérir un s'il souhaite approfondir sa compétence dans ce domaine. La composition de pages HTML en utilisant directement les balises est un exercice difficile réservé à l'utilisateur expérimenté.

Il est tout à fait préférable d'utiliser un éditeur qui transformera de manière automatique vos documents en page WEB par l'insertion de balises. Lorsque vous aurez acquis un peu d'expérience et en observant comment l'éditeur a transformé votre texte, vous pourrez inclure vos propres balises et relier vos pages.

Il existe de nombreux éditeurs HTML, du plus simple pour mettre au point quelques pages personnels à transférer sur le serveur de votre fournisseur d'accès à des produits très puissants qui peuvent gérer un site WEB complet comprenant des dizaines de milliers de pages.

Les indications qui sont données ici vous aideront à trouver le produit qui vous permettra de créer quelques pages personnelles et de les installer sur le site du votre fournisseur d'accès. ***BlueGriffon***, par exemple, éditeur de page et de site WEB, dispose d'outils qui vous permettrons de créer des pages web.

LES NAVIGATEURS OU EXPLORATEURS

Définition :

Un navigateur est un logiciel qui permet d'interroger les serveurs sur le réseau pour leur demander d'envoyer des informations, des fichiers, des pages et les services disponibles sur les réseaux informatiques. Il reçoit les informations sous forment de pages écrites dans un langage normalisé, HTML ; il décode les pages envoyées par les serveurs et les affiche selon les instructions contenues dans la page, sous forme d'ordre, sur l'écran.

UTILISATION ET PERSONNALISATION D'UN NAVIGATEUR

La manipulation des navigateurs s'apprend rapidement et est identique quel que soit l'environnement. L'exemple qui est développé est basé sur Mozilla Firefox. Quelques fonctions sont soulignées.

Les outils de personnalisation et d'adaptation sont répétés dans la partie basse de la page.

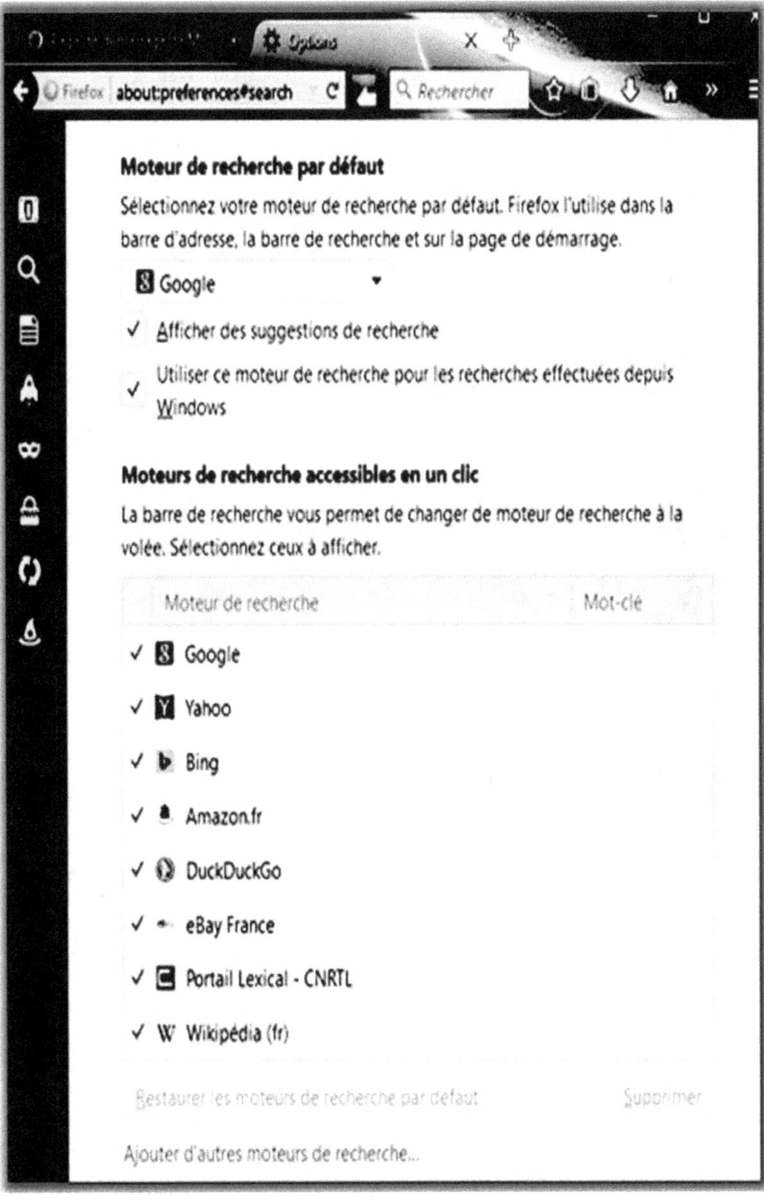

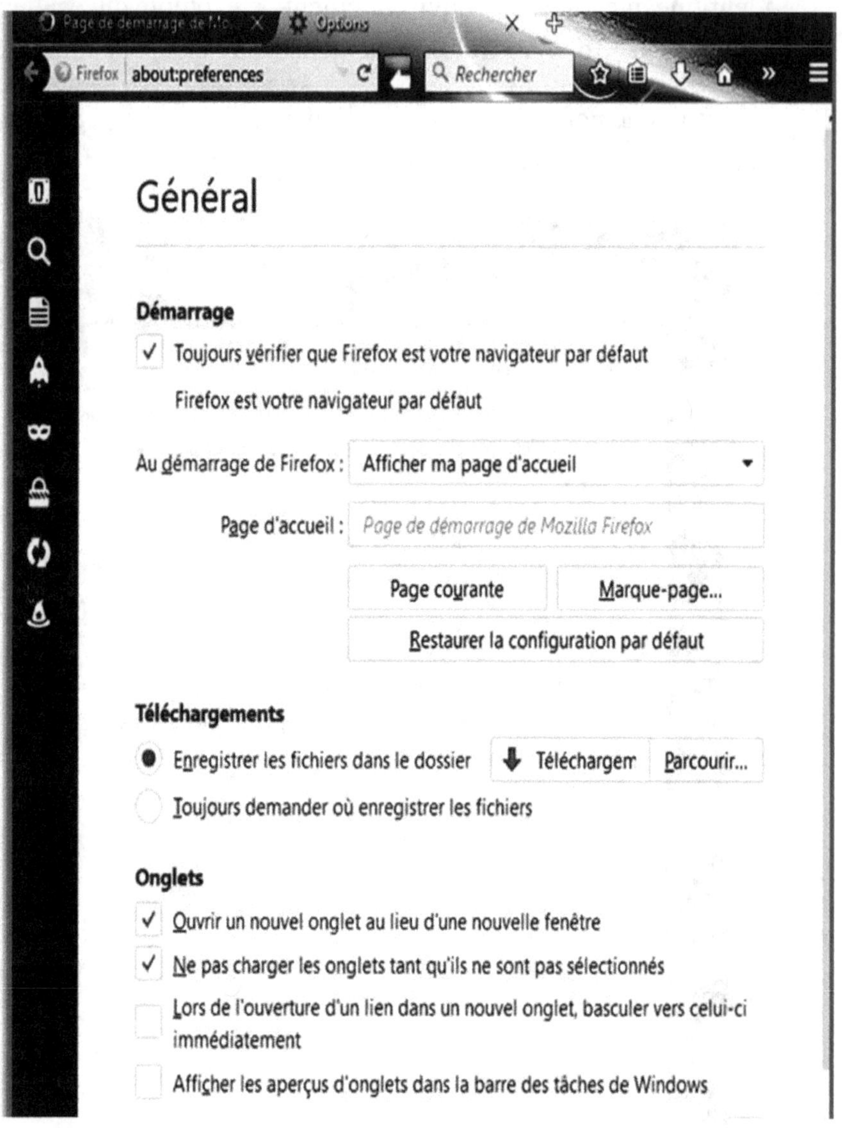

L'onglet *général* donne accès à quelques paramètres tels que la page d'accueil, le choix du fichier de téléchargement…

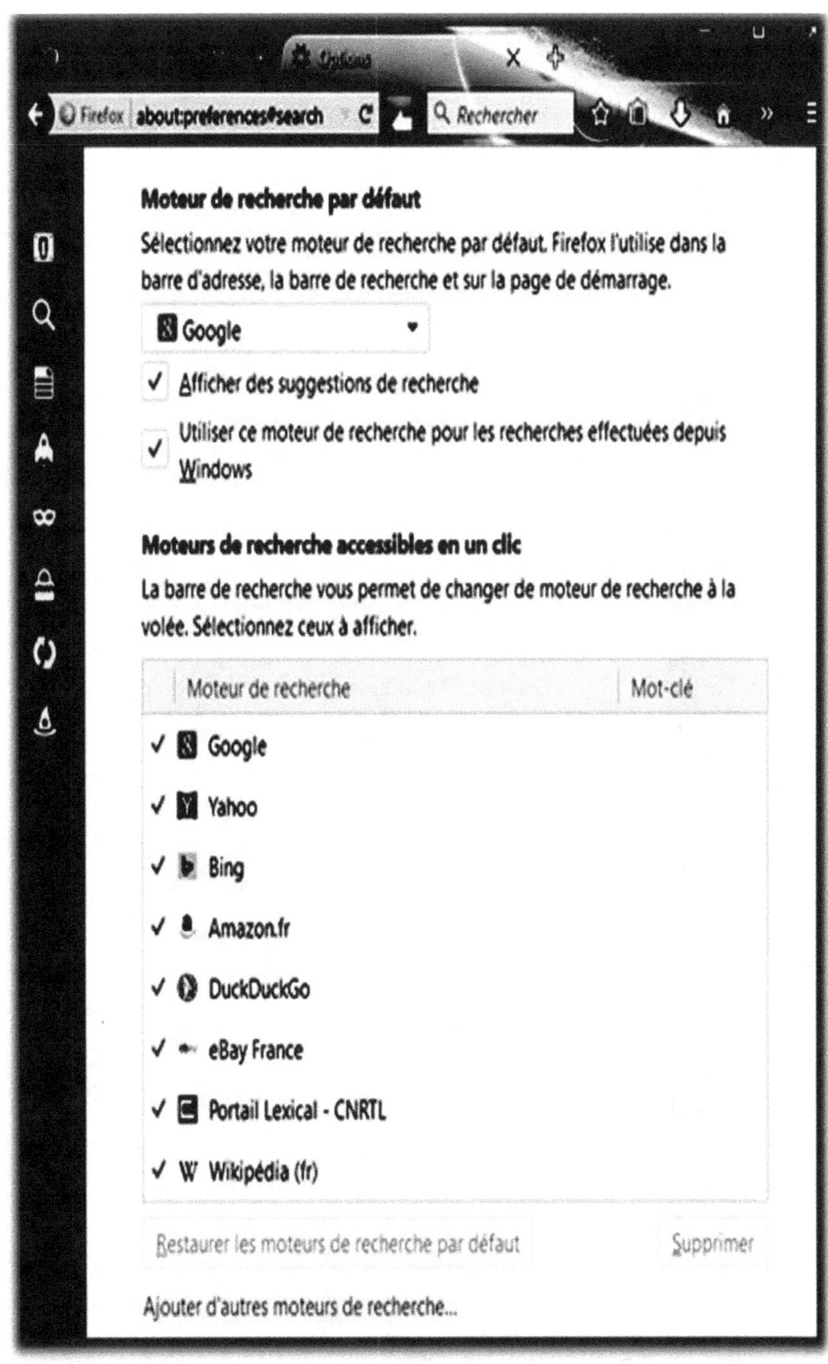

L'onglet *recherche* permet de choisir le moteur de recherche.

Les options présentées dans l'onglet « vie privée » permettent de choisir de ne pas être pisté par les sites publicitaires, d'effacer l'historique de manière régulière de même que les cookies…

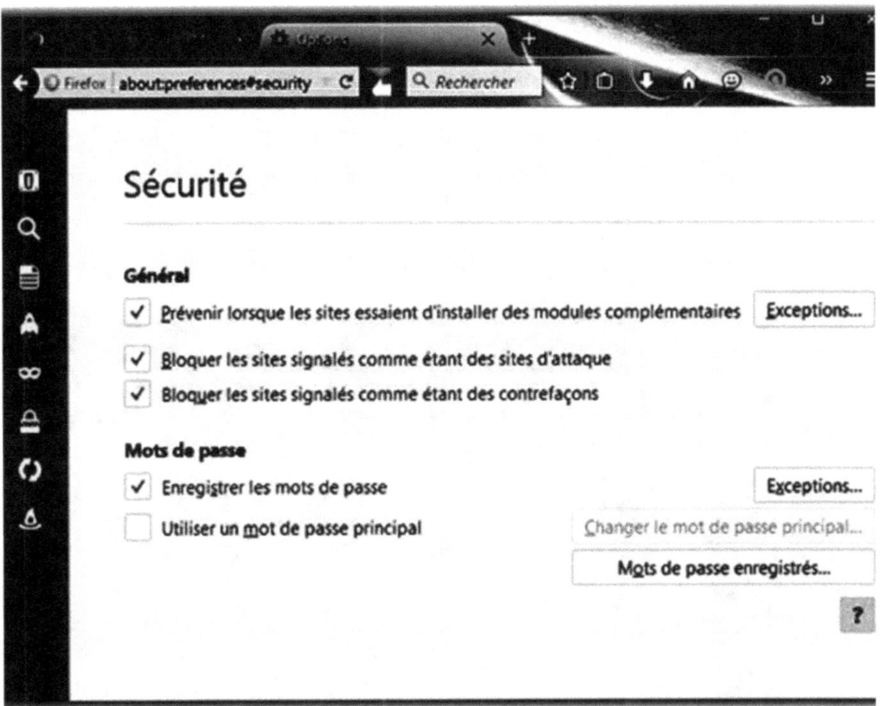

L'onglet sécurité permet de vérifier les mots de passe enregistrés.

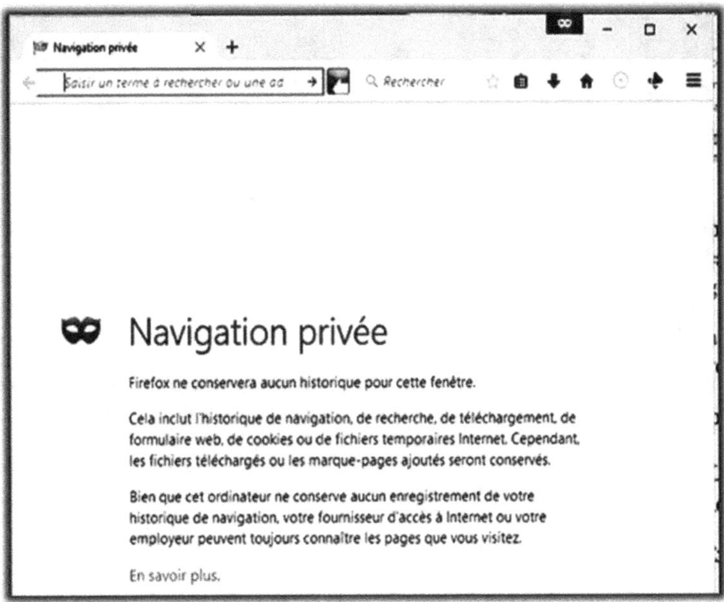

En navigation privée, aucun ***cookie*** n'est enregistré, aucun historique n'est conservé. Cependant votre fournisseur d'internet dispose de la liste des sites auxquels vous vous connectez.

L'onglet synchronisation, original, permet d'enregistrer les informations personnelles sur un compte de messagerie. Par l'intermédiaire de ce compte, l'environnement pourra être retrouvé sur tout autre équipement.

Avec l'onglet *Personnaliser* Firefox, vous pouvez choisir de nombreuses options ; ajout des modules validés par Mozilla, ouvrir un fichier, partager une page…

Sous le sigle « marque-page » sont répertoriées toutes les adresses de sites dont vous souhaitez conserver l'adresse. Pour conserver l'adresse d'un site intéressant, il suffit lorsque vous visualisez une page de cliquer sur Marque-page puis Ajouter. Si vous avez créé des dossiers pour les classer, ce qui devient nécessaire après quelques temps d'exploration d'Internet, vous pourrez choisir celui qui correspond au thème du site.

LA RECHERCHE D'INFORMATIONS SUR LE WEB

La quantité d'information disponible sur le WEB est devenue gigantesque : c'est une mine et c'est ce qui fait tout son intérêt. Il vous reste à trouver les pépites !

LES MOTEURS DE RECHERCHE

Qu'est-ce qu'un moteur de recherche ?

Définition :

Les moteurs de recherche sont des programmes qui indexent systématiquement chaque mot du texte de tous les documents rencontrés par les robots collecteurs qui explorent le WEB. Le moteur d'indexation va associer à chaque page web des mots fréquemment utilisés puis les stocker dans d'immenses bases de données avec l'adresse des pages les contenant. Lorsque vous entrez des mots pour votre recherche, ces robots vont parcourir ces bases de données et les interroger pour vous offrir les pages les plus pertinentes par rapport à votre requête.

Le robot collecteur explore systématiquement tous les sites WEB existant. Le point de départ est la page d'accueil d'un site. Le robot explore toutes les pages présentes sur le site en explorant tous les liens possibles. Ensuite à l'image d'un annuaire inversé, ils associent à chaque terme toutes les pages contenant les mots en question. Toutes les informations obtenues sont enregistrées sur le serveur du site du moteur de recherche. Leur principal objectif consiste à collecter et indexer les informations présentes sur le Web et à les proposer à leurs clients. Les recherches s'effectuent par le biais de mots-clés et les résultats sont proposés selon un système basé sur des facteurs visant à fournir des liens de qualité et des sites pertinents aux utilisateurs

Au commencement de l'apparition des sites d'indexations ou moteurs de recherche, il y a quelques années, il était possible d'indexer tous les documents présents sur le WEB.

Aujourd'hui, compte tenu du nombre gigantesque de documents présents sur le WEB, il est impossible de tout indexer. Personne ne peut disposer de suffisamment d'ordinateur pour indexer l'intégralité du WEB et en permettre la consultation par la terre entière. Il semblerait que les sites qui restent généralistes ne puissent plus qu'indexer des échantillons des pages de chaque site ou les mots clés indiqués en tête des pages HTML ; en les indexant ainsi, ils rendent leur analyse complète inutile. L'aspect commercial est désormais souvent prioritaire : le premier site pertinent proposé par le moteur suite à votre question sera celui qui aura payé le plus cher pour être présenté à cette première place !

Bing, Google et Yahoo, DuckDuckgo comptent actuellement parmi les moteurs les plus utilisés. Yandex en Russie et Baidu en Chine servent leur marché local.

Qwant est un moteur de recherche européen. Il n'utilise aucun cookie ni aucun dispositif de traçage qui permettrait de suivre votre navigation ou d'établir votre profil. Qwant ne divulgue pas ni ne revend les données personnelles à des fins commerciales ou autres.

La manière de présenter les mots clés diffère selon les moteurs. Certains offrent de nombreuses possibilités d'arrangements et de présentation des mots clés ; d'autres sont plus simples à utiliser car ils offrent peu de choix dans la présentation des mots clés. Il est bien sur tout à fait possible d'en essayer plusieurs. En effet tous ne disposent pas des mêmes références.

Les méthodes d'interrogation.
Deux méthodes d'interrogation sont possibles.

-l'interrogation depuis l'explorateur.

Après avoir choisi le moteur par défaut, il suffit d'entrer la question dans la partie réservée de la fenêtre ouverte.

La recherche par l'intermédiaire de l'explorateur est effectuée dans le pays source, dans la langue choisie sur l'équipement. Il n'est pas possible d'entrer de paramètres, de préciser des conditions.

Cette solution est instantanée, simple et immédiate.

La manière de définir les mots clés est fondamentale. En effet si vous êtes trop vague, si les mots sont trop communs et si vous ne cernez pas bien les mots qui définissent votre recherche, le moteur vous offrira des milliers de pages.

Il faudra restreindre la recherche en définissant mieux l'objet recherché, en variant le vocabulaire, l'orthographe ou le format de la question. Il en est de même si la recherche est infructueuse, ce qui est plus rare.

-l'interrogation depuis le moteur directement.

Pour interroger un moteur de recherche, il faut se connecter à son site.

Dans ce cas, il est possible de lancer une recherche plus complexe et plus spécialisée. De nombreux paramètres sont disponibles. Le choix du pays et de la langue, les exclusions, les quantités, les suites de mots permettent de poser des questions très précises : les réponses sont ainsi plus pertinentes et moins nombreuses.

Le moteur recherche vous met à disposition les adresses des pages WEB contenant ces mots clés avec un résumé très sommaire du texte recherché, le plus souvent une ligne de texte ; vous devez alors vous connecter sur le site contenant cette page pour examiner sa pertinence et si elle vous apporte la réponse à la question que vous vous posez. Il est souvent possible à partir de cette page et si elle se rapproche du sujet que vous recherchez de continuer l'exploration de site en site.

Trouvez des pages avec...

Pour effectuer cette opération dans le champ de recherche

tous les mots suivants :

Saisissez les mots importants : `terrier tricolore`

ce mot ou cette expression exact(e) :

Ajoutez des guillemets autour des mots exacts : `"terrier"`

l'un des mots suivants :

Saisissez `OR` entre tous les mots à inclure : `miniature OR standard`

aucun des mots suivants :

Placez un signe - (moins) devant les mots à exclure : `-rongeur, -"Jack Russell"`

nombres compris entre : et

Placez deux points entre les nombres, et ajoutez une unité de mesure : `10..35 kilos, 300..500 USD, 2010..2011`

LE TRANSFERT DE FICHIER

Il est souvent nécessaire de transférer des fichiers par une autre méthode que la messagerie d'autant plus que le volume des messages transitant par celle-ci est souvent limité à quelques mégaoctets.

Un protocole particulier a été développé : il s'agit du protocole **FTP** (File Transfert Protocol). Ce protocole permet de transférer des fichiers depuis les disques d'un ordinateur qui peut être situé au bout du monde jusque sur les disques du micro-ordinateur qui est à votre domicile à travers le réseau. Les échanges s'effectuent directement d'un ordinateur à un autre.

Le transfert de fichier est le plus souvent réalisé de manière automatique par l'intermédiaire de votre explorateur : dans ce cas, la mise en œuvre est simple, il suffit de répondre oui à quelques questions et de désigner le lieu où sera déposer le fichier transféré ; le protocole est intégré à l'explorateur.

Un logiciel spécialisé offre plus d'options ; il est nécessaire, par exemple pour transférer vos pages HTML personnelles vers le site serveur du fournisseur d'accès gérant votre site WEB.

Logiciel open source et gratuit, ***FileZilla*** est l'un des clients FTP les plus connus, qui existe en version Windows, Mac et Linux, ainsi qu'en version portable (sans installation) pour Windows. Son programme d'installation est en anglais, mais l'interface de FileZilla est ensuite en français. Le logiciel gère les protocoles FTP standard et sécurisés, les files d'attente, les pauses et les transferts interrompus. FileZilla permet aussi d'effectuer toutes sortes de réglages, comme par exemple définir des limites de taux de transfert en téléchargement ou en envoi (ou les deux). Le tout dans une interface claire et efficace.

LA COMPRESSION

Les fichiers à transférer peuvent être volumineux, souvent des centaines de millions d'octets. Pour réduire leur volume de stockage, de transport et diminuer le temps de transfert ils sont fréquemment compressés. Il faut ensuite les décompresser à destination pour les lire ou les utiliser.

Les fichiers peuvent être rassemblés en archive pour constituer une seule entité. Une seule opération de transfert suffit pour l'envoi de l'ensemble.

Certains fichiers sont de grande taille mais rarement utilisés. Même si vous ne les émettez pas sur Internet, le fait de les compresser et de les stocker dans une archive permet d'économiser de l'espace disque.

Les fichiers archives facilitent le groupage des fichiers, leur copie et leur transport, économisent le temps et la place et simplifient le téléchargement et la transmission des pièces jointes.

LES LOGICIELS

Il est nécessaire de disposer d'un logiciel de compression/décompression si vous souhaitez créer vos propres archives ou compresser des fichiers avant de les envoyer ou si vous recevez des fichiers compressés qui ne sont pas auto-extractibles.

Quelquefois les produits que vous récupérerez sur les serveurs sont auto-extractibles et dans ce cas il suffit de les sélectionner pour les décompresser.

7-ZIP *(Open source)*, WinRAR, Winzip peuvent être retrouvés facilement. Ils comportent une interface pointer-et-cliquer et glisser-déplacer intuitive permettant de visualiser, lancer, extraire, ajouter, effacer et tester les fichiers d'une archive avec une interface standard. Avec l'assistant inclus il suffit juste de faire quelques clics et vos fichiers sont décompressés et installés.

LES CATEGORIES DE LOGICIELS

Il existe plusieurs catégories de logiciels.

Les logiciels propriétaires.

Ils sont propriété d'une société et il est nécessaire d'acquérir une licence pour les utiliser. Les programmes qui les composent sont secrets. Leur maintenance, leur évolution et leur adaptation peut être acquise dans le cadre d'un contrat. Ils présentent l'intérêt d'être suivi, maintenu et garanti mais ils sont entièrement dépendant de la politique du propriétaire qui peut à tout instant publier une nouvelle version payante par exemple et rendre obsolète les versions précédentes.

Les logiciels libres

Un modèle original de développement collectif est apparu en réaction contre la fermeture, par les entreprises, de leurs logiciels. Un logiciel est réputé ouvert lorsque le code source du programme est accessible. Il peut être partagé par une communauté de développeurs ; il n'est pas propriété d'une entreprise.

La Fondation pour le logiciel libre (FSF ou Free Software Foundation - www.fsffrance.org -) est une organisation américaine à but non lucratif fondée en 1985 dont la mission est la promotion du logiciel libre et la défense de la liberté des utilisateurs. La FSF maintient des articles historiques couvrant la philosophie du logiciel libre et maintient la définition du logiciel libre — pour montrer clairement ce qui doit être vrai à propos d'un logiciel particulier pour qu'il soit considéré comme un logiciel libre.
La FSF parraine le projet GNU — l'effort continu pour fournir un système d'exploitation complet sous licence en tant que logiciel libre. Elle finance et promeut également d'importants développements de logiciels libres et fournit des systèmes de développement pour les mainteneurs de logiciels GNU, y compris des services complets de messagerie et de shell et des listes de diffusion. Elle s'engage à poursuivre le développement du système d'exploitation GNU et à permettre aux volontaires de contribuer

facilement à ce travail
Le projet GNU (www.gnu.org) a pour objectif la création d'un système d'exploitation libre et d'outils divers. La liste des logiciels libres est consultable sur le site de la fondation soit fsf.org. En janvier 2004, l'UNESCO élève le logiciel libre au rang de patrimoine mondial de l'humanité.
« Le logiciel libre – les technologies construites sur du code lisible, utilisable et modifiable par tous – est un moteur qui entraîne une grande partie d'Internet, des serveurs aux systèmes d'exploitation en passant par les robots qui collectent les résultats de vos recherches. C'est l'infrastructure qui fait du Web une ressource véritablement publique, transparente, digne de confiance et collaboratif, de telle sorte que quiconque ayant une idée peut contribuer ».
Le logiciel libre est simplement un logiciel qui respecte notre liberté - notre liberté d'apprendre et de comprendre le logiciel que nous utilisons. Le logiciel libre est conçu pour libérer l'utilisateur des restrictions mises en place par un logiciel propriétaire, et ainsi, utiliser un logiciel libre vous permet de rejoindre une communauté mondiale de personnes qui font le choix politique et éthique de l'affirmation de nos droits d'apprendre et de partager ce que nous apprenons, avec les autres.
La licence générale publique GNU (General Public licence (GPL) GNU) est une licence qui fixe les conditions légales de distribution d'un logiciel libre ; elle garantit à l'utilisateur les droits suivants (appelés libertés) sur un programme informatique :

> **La liberté d'exécuter le logiciel, pour n'importe quel usage ; d'étudier le fonctionnement d'un programme et de l'adapter à ses besoins, ce qui passe par l'accès aux codes sources ; de redistribuer des copies.**
>
> **L'obligation de faire bénéficier à la communauté des versions modifiées.**

GNU est un système d'exploitation complet entièrement constitué de logiciels libres. Des millions de personnes utilisent GNU chaque jour pour éditer leurs documents, naviguer sur le Web, jouer à des jeux et gérer leur courrier électronique, ou dans le cadre d'un système GNU / Linux sur leur ordinateur personnel. Même les gens qui n'en ont jamais entendu parler utilisent GNU tous les jours, car il alimente la plupart des sites qu'ils visitent et des services qu'ils utilisent. Apprenez-en plus sur GNU et soutenez les progrès sur les systèmes d'exploitation entièrement libres en faisant du bénévolat ou en faisant un don à la FSF. L'installation de LinuxMint comme système d'exploitation puis des logiciels applicatifs cités ci-dessus vous rendra indépendant.

La FSF publie la licence publique générale GNU (GNU GPL), la licence de logiciel libre la plus populaire au monde et la seule licence écrite dans le but exprès de promouvoir et de préserver la liberté du logiciel.

Linux

Linux ou GNU/Linux (www.linux.org) est une famille de systèmes d'exploitation open source de type Unix fondé sur le noyau Linux, créé en 1991 par Linus Torvalds. De nombreuses distributions Linux ont depuis vu le jour et constituent un important vecteur de popularisation du mouvement du logiciel libre. Linux Mint est l'une des distributions Linux de bureau les plus populaires et est utilisée par des millions de personnes.
C'est l'une des meilleures alternatives à Microsoft Windows et Apple MacOS.
Le but de Linux Mint est de produire un système d'exploitation moderne, élégant et confortable qui soit à la fois puissant et facile à utiliser.
Certaines des raisons du succès de Linux Mint sont :
- Il fonctionne immédiatement, avec une prise en charge multimédia complète et est extrêmement facile à utiliser.
- C'est à la fois gratuit et open source.
- axé sur la communauté. Les utilisateurs sont encouragés à envoyer leurs commentaires sur le projet afin que leurs idées puissent être utilisées pour améliorer Linux Mint.
- Basé sur Debian et Ubuntu, il fournit environ 30 000 packages et l'un des meilleurs gestionnaires de logiciels.
- C'est sûr et fiable. Grâce à une approche conservatrice des mises à jour logicielles, un Update Manager unique et la robustesse de son architecture Linux,
- Linux Mint nécessite très peu de maintenance (pas de régressions, pas d'antivirus, pas d'anti-spyware, etc…).

En 2021, Linux Mint a fêté son 15e anniversaire.

Les logiciels « open source »

Définition :

La désignation open source, ou « code source ouvert », s'applique aux logiciels dont la licence respecte des critères précisément établis par l'Open Source Initiative (L'Open Source Initiative est une organisation dévouée à la promotion des logiciels open source – opensource.org -), c'est-à-dire les possibilités de libre redistribution, d'accès au code source et de création de travaux dérivés.

« Open source » désigne un logiciel dans lequel le code source est à la disposition du grand public, et c'est généralement un effort de collaboration où les programmeurs améliorent ensemble le code source et partagent les changements au sein de la communauté ; d'autres membres peuvent contribuer.

Depuis plus de 20 ans, l'Open Source Initiative (OSI)(opensource.org) s'efforce de sensibiliser et d'adopter les logiciels open source et de jeter des ponts entre les communautés de pratique open source. En tant qu'organisation mondiale à but non lucratif, l'OSI défend la liberté du logiciel dans la société par le biais de l'éducation, de la collaboration et de l'infrastructure, en gérant la définition Open Source (OSD) et en empêchant les abus des idéaux et de l'éthique inhérents au mouvement open source.

Des Fondations

Fondation Apache, FreeSoftware Fondation, Linux Fondation, Fondation Mozilla, Projet GNU développent et distribuent des produits « open source ».

- LibreOffice, suite bureautique open source, Notepad++ (suite bureautique),

- VLC, SMplayer lecteurs Multimedia, LMMS création audio,

- The Gimp (Montage Photo, graphique),

- Thunderbird (messagerie), Firefox (navigateur),

- Ubuntu (système d'exploitation Unix), LinuxMint (système d'exploitation) sont des logiciels libres très répandus que vous êtes invités à utiliser.

- OpenDocument se bat pour l'utilisation de formats gratuits dans les documents gouvernementaux, poussant les gouvernements à adopter des politiques exigeant que tous les documents et informations publics numériques soient stockés et distribués dans des formats standard, ouverts et libres de droits. Le format OpenDocument (ODF) est l'un de ces formats.

- La campagne PlayOgg (playogg.org) promeut l'utilisation de formats audio et vidéo gratuits non encombrés par les restrictions de brevets, plutôt que MP3, QuickTime, Windows Media et AAC, dont les problèmes de brevets menacent les logiciels libres et entravent le progrès. Est encouragé également l'utilisation de la nouvelle norme "balise vidéo" comme alternative à Adobe Flash pour intégrer l'audio et la vidéo dans les pages Web.

Les logiciels gratuits.

Ils sont plus ou moins gratuits. Vous pouvez à l'occasion faire un don aux contributeurs. Souvent, il s'agit d'une version dépouillée mise à disposition gratuitement ; l'obtention de la version complète, munie de toutes les fonctions est généralement payante. Les rémunérations sont liées par exemple aux travaux de soutien technique. Les logiciels gratuits ne sont pas nécessairement libres, car leur code source n'est pas systématiquement accessible, et leur licence peut ne pas correspondre à la définition du logiciel libre. Vous pouvez choisir un logiciel gratuit. Il n'y a pas de redevance à verser pour son utilisation. Cependant, son évolution n'est pas garantie et il n'existe pas de maintenance. En outre, son interface est souvent rudimentaire.

LE NUAGE INFORMATIQUE OU CLOUD

Définition :

Il s'agit d'une technologie permettant d'accéder à un service par une connexion Internet. Ce peut être un service de stockage de données ou bien un logiciel qui est accessible seulement sur le web. L'opposé d'un service Cloud serait l'utilisation de votre disque dur pour stocker vos documents. Ce dernier vous donne un accès local à vos données tandis que le service cloud vous donne un accès à partir de n'importe quel appareil connecté à Internet.

Le cloud représente simplement l'Internet. Ce n'est pas quelque chose de physique ou tangible, il s'agit plutôt d'un réseau de serveurs. L'utilisation du terme nuage provient tout simplement du pictogramme utilisé pour illustrer Internet dans les schémas.

Par exemple, vous prenez une photo avec votre appareil, vous la transférez sur votre disque dur, vous vous connectez à Internet, vous la déposez dans un serveur Cloud ; à partir de cette instant, votre photo est accessible de tout appareil connecté à Internet. C'est le fait d'utiliser une ou des ressources à travers l'internet, ce qui veut dire que vous pouvez accéder à vos informations de partout et de n'importe quel périphérique.

Habituellement les serveurs Cloud sont installés et maintenus dans de gigantesques centres de données (Datacenter) sécurisés et protégés. Le stockage simple de petites quantités de données est souvent gratuit.

Lorsque, il y a quelques temps, vous aviez besoin d'un fichier en plusieurs endroits, vous deviez utiliser des disquettes ou, plus récemment, des clés USB que vous emportiez avec vous. Aujourd'hui, grâce aux services de stockage en ligne, vous n'avez qu'à transférer un fichier sur le cloud pour y avoir accès peu importe où vous êtes avec tous les appareils possédant une connexion Internet (ordinateur, téléphone intelligent, tablette, etc.). Vous pouvez les partagés en donnant les codes d'accès avec vos relations.

Pour simplifier, on dira qu'une plateforme infonuagique est un système de serveurs Web qui permet d'établir un réservoir commun de ressources, partagé et divisé selon les besoins de chaque utilisateur.

Les applications d'entreprise qui vivaient jadis sur des serveurs locaux sont de plus en plus fréquemment envoyées « dans le nuage » afin d'y être hébergés. Le cloud englobe des emplacements sur Internet, tel OneDrive, où vous pouvez enregistrer toutes sortes d'informations telles que des photos, de la musique, des documents et des vidéos (en réalité tout type de fichier) afin de pouvoir y accéder aisément par la suite à partir d'un ordinateur, d'un téléphone, d'une télévision ou de tout autre appareil disposant d'une connexion Internet.

Pour certain service, l'espace de stockage apparait comme un disque supplémentaire de votre ordinateur, vous pouvez l'utilisez exactement comme s'il était rattaché physiquement, mais c'est un disque virtuel.

De plus en plus d'entreprises offrent des services de stockage de données via le Web – Ubic, Dropbox, Onedrive, Google Cloud – par exemple.

Il s'agit en fait d'une variante du concept informatique « client-serveur » : un poste de travail (client) se sert des logiciels ou des données situés sur un serveur relié en réseau (Internet, dans le cas présent) afin d'alléger sa charge de travail et réduire la quantité de données stockées localement sur son ordinateur. De ce fait, on peut donc accéder à toutes nos informations et tous nos documents peu importe où l'on se trouve. Les avantages du nuage informatique sont les suivants :

- pas d'installation de logiciels à faire (ni de mises à jour, elles sont faites sur le serveur)
- pas de maintenance matérielle au niveau du ou des serveurs (ajout de disques durs, etc.)
- accessibilité des données partout où l'on se trouve
- données sauvegardées automatiquement ("backup")
- capacité à mesurer l'utilisation des ressources mises à la disposition des clients
- performance optimale : l'infrastructure (serveurs) est mise à jour selon les besoins
- vous n'avez plus besoin d'investir un capital important dans le matériel

Il existe aussi des inconvénients :

- aucun contrôle sur l'utilisation des données stockées sur un serveur externe (versus son ordinateur personnel ou de bureau)
- en cas de panne d'Internet locale (maison ou bureau), les données et logiciels ne sont plus disponibles
- en cas de panne du serveur de l'entreprise où tous vos logiciels ou données sont stockées, ceux-ci sont également inaccessibles
- les inquiétudes sont bien présentes en ce qui concerne la sécurité des données : des pirates peuvent facilement s'introduire sur des serveurs contenant des informations personnelles
- le stockage de faible quantité de données avec un service restreint est souvent gratuit mais les services plus sophistiqués

et la mise en dépôt de quantités importantes de données sont facturés.

Serveur de logiciels

Il peut également englober des outils spécialement conçus pour être utilisés en ligne. Des entreprises proposent un « logiciel sur demande » (accessibles via un navigateur web, notamment) comme Creative Cloud d'Adobe. C'est la forme la plus générique d'applications « dans le nuage ». Ces logiciels, accessibles à partir d'un navigateur Web, offrent de nombreux avantages par rapport à leurs équivalents traditionnels. Partage et synchronisation des données entre divers appareils et au sein d'un groupe autour d'un projet commun, accès aux logiciels à partir de n'importe quel ordinateur, mises à jour automatiques et transparentes, aucune installation, capacité de traitement partagé des données incomparable, paiement à l'utilisation. Le nuage informatique prendra de plus en plus d'importance dans nos vies, tant au travail qu'à la maison.

LE BLOGUE (BLOG EN AMERICAIN)

Définition :
Le blogue est une forme spécialisée de site internet. Le blogue (abréviation de « web log ») désigne une sorte de journal mis à jour régulièrement par un individu ou un groupe de personnes, qui rassemble anecdotes, opinions et photos autour d'un thème. Cela ressemble à une page personnelle, mais en version évolutive.

Un blogue est composé de billets rédigés au fil du temps. C'est un ensemble de contenus courts – les articles – publiés fréquemment et ordonnés. Le lecteur accède en premier lieu à l'information la plus fraîche, au contenu le plus chaud.

Un blog peut être comparé à un journal ou à une page d'informations qui offre ensuite à l'utilisateur la possibilité de répondre. Il permet aux visiteurs intéressés de lancer des discussions sur des contenus. Le principe même d'un blog est de développer une communauté avec laquelle il entretiendra des relations d'intérêt autour d'un thème général donné.

Le contenu est dynamique. Il est continuellement mis à jour, interactif : via les commentaires, l'avis des lecteurs est requis pour nourrir le débat. On retrouve à ce jour sur Internet des dizaines de millions de blogues et les lecteurs et visiteurs qui les consultent sont encore plus nombreux. Le blogue permet à des millions de personnes de s'exprimer et d'échanger des informations qui ne peuvent pas à l'heure actuelle être contrôlées par les puissances qui nous gouvernent.

Comment et à propos de quoi blogue-t-on ?

Il est très facile de bloguer. Un sujet donné est lancé et publié sur un site Internet. Pour le choix thématique, faites selon votre centre d'intérêt, utilisez les retours de vos visiteurs et optimisez en permanence votre nouveau thème. L'objectif doit être de présenter principalement des contenus qui suscitent un intérêt général. Les retours vous permettent de concevoir votre site Internet comme un ensemble toujours plus intéressant et plus attractif. Encore faut-il le faire connaitre !

Comment créer son propre blog?

Deux solutions principales existent, soit créer votre site en s'appuyant sur un CMS (Content Management System, en français Gestion de contenu), soit créer votre blogue sur un site spécialisé.

Utiliser un CMS

On donne le nom de CMS, Content Management System, en français Système de Gestion de Contenu à un logiciel d'aide à la mise en ligne de documents sur Internet, qui gère la création et la publication de documents.

Le gestionnaire de contenu se charge de la partie commune aux pages de votre site et génère les pages à partir du texte ou des données que vous lui fournissez. Il vous délivre donc de tâches répétitives.

Il peut être statique et créer les pages avant qu'elles ne soient mises en lignes, ou dynamique et créer la page à la demande du visiteur.

Il n'apporte rien quant au contenu lui-même, mais permet de gérer la structure du site, ajouter et classer les pages… Les principaux CMS permettent de gérer un forum, un annuaire, les nouvelles.

Travailler sur le formatage d'un site pour faire un blog est totalement inutile. D'une part il existe des sites communautaires qui vous proposent de mettre votre blog en ligne sans aucune édition HTML, d'autre part il existe des CMS à installer sur votre propre site pour toute la partie formatage des pages.

WordPress est le plus utilisé pour créer un blogue, mais il en existe de nombreux autres.

Dans ce cas, il faut télécharger un CMS pour l'installer et l'administrer sur votre propre espace d'hébergement Internet. Cette solution exige une grande technicité. Il vaut mieux être informaticien pour s'y aventurer.

Blogs et sites tendent à évoluer vers un hybride synthétisant le meilleur des deux mondes grâce aux CMS en général et à WordPress en particulier.

Sur un site Internet, le contenu est statique. Les mises à jour sont sporadiques ; le mode de communication est à sens unique : l'interactivité n'est pas sa vocation première ; c'est une solution classique pour les sites gouvernementaux, institutionnels d'entreprises ou les sites de ventes en ligne par exemple.

Utiliser un site spécialisé

Il existe des sites communautaires qui vous proposent de mettre votre blog en ligne sans aucune édition HTML. Le moyen le plus simple et le plus rapide est de créer un profil chez un fournisseur de blogs.

Cette façon de créer un site Web se caractérise par sa grande facilité, ce qui explique en partie la popularité des blogues. En effet, aucune connaissance informatique n'est vraiment requise pour créer et mettre à jour un blogue, contrairement à un site web traditionnel. En effet, la tenue d'un site web traditionnel nécessite généralement la connaissance du langage HTML et sa mise en ligne est souvent ardue, diminuant ainsi la fréquence des mises à jour. La procédure de création et de mise à jour très simplifiée d'un blogue permet d'économiser beaucoup de temps. Il suffit de s'inscrire sur un site Internet gratuit qui héberge des blogues et de suivre les instructions (voir le site http://www.blogger.com/, qui propose de l'hébergement de blogues gratuitement).

La publication d'articles sur différents sujets devient ainsi une activité à la portée de tous, peu importe l'âge, les connaissances informatiques ou le lieu de résidence. La seule exigence pour publier un blogue est d'avoir accès à Internet. On constate l'existence de plusieurs blogues de type personnel, mais les types d'utilisation se multiplient.

Le site Wordpress, par exemple, offre la possibilité de créer un blogue gratuitement en étant guidé.

L'aspect légal

Un blogueur est pleinement responsable de l'information qu'il publie lui-même sur son blogue. Il peut diffuser les billets qu'il a écrits, il a le contrôle sur ce qui est écrit dans ceux-ci, et il peut décider qui aura accès à la diffusion

Le blogueur doit s'intéresser aux commentaires publiés par des tiers sur le blogue. Les CMS permettent de modérer tous les commentaires et peuvent éliminer des propos illicites. Si un blogueur est informé qu'un propos illicite se retrouve sur son blogue, il a l'obligation d'agir et de le retirer si nécessaire

Chaque blogue devrait posséder son code de conduite, ou Nétiquette, pour informer les participants des gestes qui sont considérés comme inacceptables sur le site. Si un tel code existe, il est important d'en prendre connaissance avant de participer.

Blogue ou site internet : quelles différences ?!

La distinction entre blog et site web a-t-elle encore un sens ? Plus véritablement grâce à un outil puissant, flexible et simple comme WordPress. Il a permis à ces deux types de contenus internet de se rapprocher de plus en plus étroitement au point qu'il est parfois difficile de les distinguer.

Cependant, le ton et la forme du blogue sont plus personnels, en lien avec les préoccupations des consultants. Un blogue est bien adapté pour animer une communauté et développer sa notoriété.

LES RESEAUX SOCIAUX

Définition :

Les réseaux sociaux existaient bien avant Internet. Un réseau social n'est en effet rien d'autre qu'un groupe de personnes ou d'organisations reliées entre elles par les échanges sociaux qu'elles entretiennent. Un club de bridge ou une association d'archéologie en était un. Aujourd'hui le réseau que constitue Internet a démultiplié ces réseaux et interactions et les a dotés d'une toute nouvelle puissance. Un réseau social est une plateforme sur Internet qui permet à ses utilisateurs d'être en interaction et de partager des contenus.

Avec des taux de connexion qui ne cessent de grimper, des technologies collaboratives qui se banalisent et un désir certain d'investir le champ du relationnel, Internet met en place de nouveaux réseaux sociaux plus larges, plus vastes, plus ludiques mais aussi moins facilement identifiables que ceux auxquels la génération précédente était habituée.

En France, des réseaux sociaux très utilisés sont : Facebook, Skyrock, Twitter, Linkedin, Viadeo.

Chaque réseau comporte ses propres spécificités : réseaux professionnels ou amicaux, centrés sur la musique ou à destination des plus jeunes, etc. Similaires et pourtant différents, les sites communautaires proposent aussi la mise en relation d'internautes autour d'intérêts communs. En règle générale, pour rejoindre un réseau social, il faut : - Créer un profil ; - Inviter / Rechercher des amis - Partager des fichiers (photos, vidéos) - Alimenter le contenu en postant des commentaires / statuts etc ...

Cependant les réseaux sociaux sur internet sont source de nouveaux enjeux en termes de protection de la vie privée. Ils offrent des services innovants, et généralement gratuits, souvent en contrepartie d'une utilisation commerciale de vos données personnelles. Une fois en ligne, les informations vous concernant sont plus ou moins largement diffusées, indexées et analysées. La vigilance s'impose. La publicité est partout ; elle est ciblée sur vos centres d'intérêt. L'utilisateur n'est donc pas toujours conscient qu'en dévoilant des données sur sa vie privée, ses habitudes de vie, ses loisirs, voire ses opinions politiques ou religieuses, il permet aux sites de se constituer de formidables sources de données susceptibles d'être revendues aux sites commerciaux et de provoquer de multiples sollicitations commerciales.

Derrière les réseaux sociaux et les applications se cachent de grandes entreprises comme Facebook, Apple ou Google. Les entreprises louent uniquement un emplacement chez eux – à leurs conditions. Et celles-ci – les Conditions Générales de Vente (CGV) – changent très souvent. On dépend des possibilités techniques de la plateforme. Cela limite malheureusement aussi grandement les possibilités en termes de design. Toutes les pages des entreprises suivent le même principe modulaire et se distinguent quasiment pas les unes des autres.

Les réseaux sociaux présentent des avantages d'un point de vue personnel : Faciliter la communication entre les membres éloignés d'une même famille ou d'un cercle d'amis. Retrouver des anciens copains ou des connaissances. Donner des informations, échanger. Partager des informations précises sur des centres d'intérêt...

D'un point de vue professionnel, les réseaux sociaux sont des outils de communication et de promotion. Compte tenu de l'existence de près de 32 millions d'utilisateurs actifs sur Facebook, beaucoup de jeunes créateurs se demandent si la présence sur le réseau social ne suffit pas et si un site Internet n'est pas superflu pour présenter son idée sur la Toile ; les clients sont plus actifs sur les plateformes de réseaux sociaux comme Facebook que sur la Toile. La page fan Facebook de Starbucks compte par exemple plusieurs millions de fans ayant cliqué « J'aime ». En revanche, seul un petit nombre de ces fans se rend sur le site Internet de l'entreprise. Il en est de même pour Coca Cola et de nombreuses autres marques de grande consommation. Cela ne fait aucun doute : les réseaux sociaux sont un complément moderne et précieux de la promotion d'une marque sur

Internet. Toutefois, ils ne se suffisent pas à eux-mêmes.
Ils revendiquent le droit pour leurs utilisateurs de s'exprimer librement et publiquement. Leur essor mondial a toutefois mis en évidence la nécessité d'y réguler la liberté d'expression pour en limiter les abus.

LES NEWS

Définition :

Un mode de communication est très répandu, c'est celui qui s'appuie sur les NEWS ou newsgroups appelés aussi en français groupes de discussion ou forum ; des millions de messages sont postés quotidiennement dans les groupes de discussion dans le monde entier.

Les newsgroups sont distribués par la plupart des fournisseurs d'accès Internet. Les informations qui y circulent sont extrêmement diverses et leur consultation est à la portée de tous. Les groupes de discussion sont fédérés par thème et par pays ; pendant une durée de temps donné, variable selon les groupes de discussions et en fonction du trafic, tous les courriers envoyés sont conservés. Vous avez accès à tous les messages et pouvez participer au dialogue. Les sujets de conversation sont très variés, de la paléontologie au jardinage, en passant par les jeux et la musique. Vous pourrez certainement trouver un groupe qui correspond à un de vos centres d'intérêt. Usenet est à l'origine de ces groupes de discussion.

Aujourd'hui, Usenet compte plusieurs dizaines de milliers de groupes de discussions différents, mais il est impossible d'obtenir un chiffre exact, tous les groupes n'étant par distribués par tous les serveurs.

L'organisation Usenet (www.usenet.org) comprend un ensemble de serveurs qui hébergent les groupes de discussion et qui sont reliés entre eux par l'intermédiaire d'Internet ; ils forment ainsi une vaste chaîne dont chaque serveur est un maillon.

Usenet dispose d'un ensemble de protocoles servant à générer, stocker et récupérer des « articles » et permet l'échange de ces articles entre les membres d'une communauté. Usenet est organisé autour du principe de groupes de discussion ou groupes de nouvelles (en anglais newsgroups), qui rassemblent chacun des articles (contributions) sur un sujet précis. Les sujets des groupes de discussion sont organisés selon une hiérarchie. Une fois connectés à un serveur fournissant un service Usenet, les utilisateurs peuvent choisir les groupes mis à disposition par ce serveur auxquels ils désirent « s'abonner ». Pour chaque groupe auquel il est abonné, l'utilisateur peut alors voir tous les nouveaux articles mis à disposition sur ce groupe et tous les articles reçus par le serveur depuis un certain temps. Les anciens articles peuvent être automatiquement effacés du serveur ; selon les serveurs, ce délai peut varier entre un mois et quelques jours. Toutefois, il existe des serveurs d'archivage, tels que Google Groups, qui permettent de consulter les anciens articles de certains groupes de discussion, présentés de la même façon que des archives de liste de discussion.

Lorsqu'un utilisateur envoie un article sur un serveur Usenet, celui-ci le propage à tous les autres serveurs avec qui il a conclu des accords d'échange d'articles (feeding, littéralement, « alimentation »), et ainsi de suite. Chaque serveur conserve une copie de cet article, et peut ensuite le mettre à disposition des utilisateurs ayant accès à ce serveur.

La plupart des clients de messagerie intègrent un module de lecture des articles Usenet plus ou moins complet.

Le réseau Usenet est de plus en plus fréquenté pour sa haute vitesse de téléchargement, la richesse des contenus et le respect de la neutralité du réseau.

Les utilisateurs qui sont raccordés sur Internet et disposent du logiciel pourront se connecter sur les serveurs, voir le nom du groupe et s'abonner ; ils examineront les sujets des messages qui sont postés, pourront lire ceux qui les intéressent et prendre part aux débats en postant leur message. Les articles envoyés au groupe sont émis par l'intermédiaire d'Internet vers l'ensemble des serveurs qui diffusent ce groupe. Dans l'exemple cité, un groupe de discussion sur le jardinage, un utilisateur pourra demander comment tailler ses rosiers en espérant qu'un spécialiste pourra lui répondre.

Alors que les courriers électroniques entre individus ou au travers de groupes de diffusion sont stockés dans les boîtes aux lettres de chacun des correspondants, les News ne sont pas envoyés à tous les utilisateurs. Ils sont consultés par ceux qui sont intéressés par leur sujet sur le serveur auquel ils ont accès.

Les groupes peuvent être modérés ou non. Lorsqu'ils sont modérés, les articles sont envoyés au modérateur, qui est une personne, pour approbation avant d'apparaître dans les groupes de discussion ; ils sont postés uniquement s'ils sont effectivement en rapport avec le thème de celui-ci.

Personne n'a autorité sur la totalité d'Usenet qui n'est pas une organisation structurée. Usenet est un ensemble de personnes qui échangent des messages. Les administrateurs de site contrôlent leur propre site et accueillent les groupes qu'ils souhaitent.

Les sujets sont très variés et lorsque l'accès est libre, le débat peut-être très ouvert. Il ne faut donc s'étonner de rien.

La branche française d'Usenet se distingue par l'attribut « fr » pour chacun de ses groupes.

Les groupes de discussion s'appuient sur un ensemble de règles que chaque participant est censé connaître, comprendre et accepter. Il faut se souvenir que lorsque vous postez un message il pourra être lu par des millions de gens sur la terre entière. Tout le monde n'a pas les mêmes coutumes que vous et n'est amusé par les mêmes plaisanteries que vous.

Usenet est aussi un lieu d'apprentissage et d'échange de savoirs, de cultures, etc. Chacun est responsable à titre individuel de ce qu'il poste dans les groupes de discussion.

La consultation du site http://www.usenet-fr.net vous apportera des renseignements supplémentaires.

UseNeXT (www.useNext.fr) est, par exemple, un des fournisseurs payant majeur d'accès à Usenet. Il dispose de son propre client de News.

La langue utilisée dans les groupes varie selon les pays d’origine du groupe ; si vous désirez obtenir une liste de groupes français, vous pouvez vous connecter sur les sites indiqués ci-dessous ou sur le site de votre fournisseur d’accès.

La liste des groupes de discussions est très fournie ; vous pouvez commencer à naviguer dans la liste des groupes pour avoir une idée de leur nombre, de la diversité des sujets, des langues et des pays représentés. Leur sigle donne une indication sur le type de sujet traité.

Sigle Type

alt Sujets très divers d’ordre alternatif

comp Sujets intéressants les professionnels et les passionnés d’informatique, de logiciels et de matériels

misc Groupes non classables ailleurs

sci Groupes concernant la recherche scientifique et ses applications

soc Forums relatifs aux problèmes de société ou aux différentes cultures du monde

talk Les groupes de gens qui bavardent

news Sujets intéressants les administrateurs de news, les logiciels de lecture de news et les annonces de news

rec Groupes de discussions concernant les loisirs

gnu Forums concernant le projet « GNU » de la « Freeware Software Foundation » biz Sujets concernant les affaires économiques

Les sigles sont préfixés par deux lettres représentant le pays d'origine. Pour la France, il s'agit de fr. Les langues d'échange utilisées sont le plus souvent celles qui sont parlées dans les pays d'origine du groupe.

LA SECURITE

INTRODUCTION

La sécurité constitue un problème préoccupant qui se pose à plusieurs niveaux. La protection des données personnelles doit être une préoccupation journalière ; elle est devenue un enjeu majeur ; de nombreux sites souhaitent tout connaître sur vous. La messagerie n'est pas sure : vos messages peuvent être lus par d'autres que le destinataire. Des virus se répandent sur le réseau et perturbent le fonctionnement de votre ordinateur. La publicité ou les messages importuns envahissent rapidement votre boite à lettres. Dès que vous utilisez votre téléphone mobile ou votre tablette ou votre ordinateur vous êtes confronté aux menaces croissantes d'atteintes à votre vie privée autant par les administrations qui cherchent à contrôler le citoyen, les entreprises et compagnies privées qui cherchent à profiter de lui, que par des groupes mal intentionnés qui cherchent à vous voler ou usurper votre identité.

LA MESSAGERIE

L'ASPECT PERSONNEL

Des milliards d'emails sont échangés chaque jour dans le monde. Le succès de cette forme de communication s'explique par sa simplicité, sa rapidité et son coût peu élevé : quelques minutes suffisent pour envoyer un message professionnel ou personnel à l'autre bout du monde ou à son voisin de bureau. Mais la conception d'Internet fait qu'un email n'est pas plus confidentiel qu'une carte postale qui peut être lue sans difficultés par toutes les personnes entre les mains desquelles elle passe. Il n'est pas forcément bon de transférer par Internet des données sensibles.

Dans les entreprises, l'accès à Internet s'effectue le plus souvent par un réseau local sur lequel l'activité de chaque poste de travail peut être observée et enregistrée à commencer par les messages envoyés et reçus. Des logiciels spécialisés ont été conçus pour observer les messages qui passent en fonction d'objectifs de sécurité : lutte contre les virus mais aussi contre la pornographie ou le terrorisme. Le contrôle peut porter sur le nom de l'émetteur ou du destinataire, voir sur des mots ou des expressions dans le corps du message. Ce procédé permet de bloquer ou de copier certains d'entre eux. Le débat est ouvert sur la définition du niveau de confidentialité des messages dans le cadre du lieu de travail et sur la responsabilité du responsable du site serveur de messagerie quant à la nature des messages qui transitent par ce site. Recueillir des informations dans l'entreprise n'est pas illégal si ceci n'est pas fait à son insu.

Si l'employeur a un certain droit de regard sur le courrier électronique de ses salariés, il n'en va pas de même en dehors du monde du travail. Dans la mesure ou les messages constituent un échange entre deux personnes, leur contenu est protégé : chacun a droit au respect de sa vie privée et de sa correspondance.

La messagerie électronique est strictement contrôlée dans certains pays : les messages sont filtrés à l'arrivée dans le pays et lus par la censure avant d'être éventuellement distribués. Dans quelques autres pays, la messagerie est complètement interdite ; tout échange avec l'extérieur par ce moyen difficilement contrôlable est ainsi arrêté.

Cependant, sous prétexte de vouloir empêcher le développement de la criminalité sur Internet, les services de police de différents états veulent pouvoir contrôler tout ce qui se passe sur le réseau. D'où une polémique sur les dangers que feraient courir aux libertés des outils de contrôle trop puissants pour le but recherché. Le volume énorme de messages échangés chaque jour dans le monde rend le contrôle et l'analyse de tous les messages très difficiles.

LA SECURITE DU COURRIER

En ce qui concerne la messagerie et les échanges en général il faut aussi considérer notamment les points suivants :

- le destinataire doit être sûr de l'identité de l'expéditeur

- que le message n'est pas altéré

- l 'expéditeur doit être sûr que le message parviendra bien au destinataire

- qu'il ne sera pas corrompu c'est à dire que les données n'ont pas été altérées pendant la communication,

- qu'il est bien parvenu,

- que l'accusé de réception provient bien du destinataire,

- que le message ne sera lu par personne d'autre que celui auquel il est destiné, c'est à dire de la confidentialité du message

- que le destinataire ne pourra pas nier l'avoir reçu.

La protection des sites par nom de connexion auquel est associé un mot de passe constitue un premier niveau de sécurité. Mais les tentatives de pénétration illégales dans différents sites en usurpant une identité et en recherchant systématiquement les mots de passe associés sont fréquentes et quelquefois couronnées de succès. Les informations circulent généralement sur le réseau en clair et peuvent être interceptées par des pirates qui les décodent. Pour déjouer ce genre de piratage, il est possible de créer des liaisons temporaires sécurisées entre un site serveur et un PC pendant la durée d'une transaction : les données sont alors cryptées pendant leur transfert sur le réseau.

A toutes ces questions, la messagerie électronique ordinaire actuelle n'a que peu de réponses. Avec les procédures standards, le courrier électronique n'est pas sécurisé au niveau de la confidentialité car les messages sont stockés en clair sur votre serveur de courrier. D'autre part vous n'êtes jamais absolument sûr que votre courrier va atteindre son destinataire ni que l'expéditeur est bien celui qui a signé ni que le message reçu correspond au message envoyé. La contrepartie de l'ouverture du réseau, c'est une moindre sécurité des transactions.

Les téléphones portables

Les téléphones portables sont devenus des cibles privilégiées des cybercriminels et des états en raison de leur utilisation généralisée et de leur stockage de données personnelles sensibles. Il faut noter que les téléphones portables communiquent par l'intermédiaire d'internet principalement.

Dotés de processeurs rapides et de plus en plus puissants ainsi que de vastes quantités de mémoire, ce sont des ordinateurs complets, toujours à proximité de nous, ils peuvent, à notre demande ou à notre insu, nous écouter, nous filmer, relever nos contacts, récupérer notre position en temps réel ; utilisés pour des communications aussi bien textuelles que graphiques ou vocales, ces téléphones contiennent rapidement les éléments les plus sensibles de notre vie de tous les jours, depuis nos contacts, nos amis, nos relations de travail ou familiales, jusqu'aux derniers endroits visités.

Avec l'extension de ces téléphones dans les domaines bancaires ou pour les paiements de tous les jours, ils collectent aussi nos habitudes de consommation ou l'étendue de notre patrimoine et enregistrent nos identifiants de connexion comme nos mots de passe.

Et au contraire de nos ordinateurs que, pour la plupart, nous éteignons régulièrement, les téléphones ne sont que rarement coupés, hors du réseau.

Devant cette étendue si vaste de leurs usages et de leur présence, il n'est pas étonnant qu'ils soient devenus la cible privilégiée des attaques de tous types, des virus et des logiciels espions ; aussi attaques de phishing ou hameçonnage qui est une technique informatique qui consiste à récupérer des informations spécifiques, généralement des codes d'accès, d'un individu cible en lui présentant des éléments suffisamment crédibles pour que la victime délivre les informations sans difficultés.

CRYPTAGE

Définition :

Le cryptage appelée aussi chiffrement est l'art de rendre des données secrètes.

Le cryptage est essentiellement basé sur l'arithmétique, il s'agit de transformer les lettres qui composent le message en une succession de chiffres sous forme de bits puis ensuite de faire des calculs sur ces chiffres pour les modifier de telle manière que le destinataire puisse les décrypter. La méthode consistant à retrouver le message original est appelée décryptage.

Le cryptage se fait généralement à l'aide d'une clef de chiffrement, le décryptage nécessite quant à lui une clef de décryptage. Le cassage du chiffrement consiste dans l'essai de déchiffrage du message sans connaître la clé de chiffrement.

CRYPTAGE PAR CLE

Il existe plusieurs façons de crypter les messages, mais, quelle que soit la méthode retenue, le principe est le même. Il consiste, en effet, à coder le corps du courrier, avec une ou plusieurs clés de protection. Le cryptage par une seule clé suppose que vous la mettiez à disposition de tous vos destinataires par un canal de communication sûr et qu'eux-mêmes ne la laissent pas traîner sous les regards indiscrets. Si on suppose que vos destinataires auront plusieurs correspondants, ils devront connaître un certain nombre de clés et appliquer la bonne clé à chacun des émetteurs.

Un exemple simple de cryptage par clé, permettant de bien comprendre ce qu'est un cryptage par clé est décrit ci-dessous.

On associe à chaque lettre, signe, chiffre et lettre accentuée un nombre qui permet de le distinguer. Chaque chiffre est unique. Dans le tableau qui suit seules les lettres de l'alphabet ont été chiffrées.

Lettre	Poids	Lettre	Poids	Lettre	Poids	Lettre	Poids	Lettre	Poids
A	12	F	17	K	22	P	27	U	32
B	13	G	18	L	23	Q	28	V	33
C	14	H	19	M	24	R	29	W	34
D	15	I	20	N	25	S	30	X	35
E	16	J	21	O	26	T	31	Y	36

Poids des lettres de l'alphabet

Chaque lettre du texte à crypter est ensuite chiffrée à partir du nombre qui lui est affecté dans le tableau de chiffrage. L'exemple ci-dessous est un exemple de chiffrement simple.

MESSAGE A CRYPTER

241630301218161214293627311629

Les blancs ne sont pas pris en compte.

Il faut définir une clé pur un chiffrement plus complexe. Une clé peut être un mot ou une phrase ou un paragraphe de longueur déterminée. Vous affectez un nombre à chaque lettre de la clé. La clé définit ci-dessous est courte.

S	E	C	R	E	T
2	7	5	1	9	8

Clé à appliquer

Le chiffrement du texte à crypter consiste à associer chaque lettre du texte à chiffrer avec une lettre de la clé ; la clé est répétée indéfiniment. Par exemple le texte « message à crypter » avec la clé « secret » sera codé comme indiqué dans le tableau qui suit. On a associé chaque lettre du texte à chiffrer à une lettre de la clé.

Clé	Valeur de la clé	Lettre chiffrée	Poids de la lettre	Lettre
s	2	M	24	26
e	7	E	16	23
c	5	S	30	35
r	1	S	30	31
e	9	A	12	21
t	8	G	18	26
s	2	E	16	18
e	7	A	12	19
c	5	C	14	19
r	1	R	29	30
e	9	Y	36	45
t	8	P	27	35
s	2	T	31	33
e	7	E	16	23
c	5	R	29	34

Le texte crypté correspondant au message à envoyer aura alors l'aspect suivant :

26 23 35 31 21 26 18 19 19 30 45 35 33 23 34

Pour déchiffrer ce message il suffit d'avoir la clé secrète, le nombre correspondant aux lettres de l'alphabet, aux signes divers, aux lettres accentuées et les chiffres qui peuvent être utilisés dans la correspondance et faire le déchiffrement inverse, à l'aide d'une soustraction. Le poids des lettres peut être défini de multiples manières, en leur donnant le poids de leur rang dans une codification par exemple.

Bien que ce chiffrement soit assez sûr, il peut encore être cassé rapidement. Lorsque les messages sont beaucoup plus longs que la clef, il est possible de repérer la longueur de la clef et d'utiliser pour chaque séquence de la longueur de la clef la méthode consistant à calculer la fréquence d'apparition des lettres, permettant de déterminer un à un les caractères de la clé. La clé peut avoir différentes longueurs : plus elle est longue et plus elle est difficile à décrypter.

Pour rendre plus difficile encore le décryptage, une solution consiste à utiliser une clef dont la taille est proche de celle du texte afin de rendre impossible une étude statistique du texte crypté. Ce type de système de chiffrement est appelé système à clé jetable. Le problème de ce type de méthode est la longueur de la clé de cryptage (plus le texte à crypter est long, plus la clef doit être volumineuse), qui empêche sa mémorisation et implique une probabilité d'erreur dans la clé beaucoup plus grande.

Pour rendre le cryptage plus sûr, des systèmes à clés multiples ont été développés. Un moyen plus sûr pour une personne est de disposer de deux clés, l'une dite publique et l'autre dite privée. La clé privée sera utilisée pour coder le message et la clé publique utilisée pour le décoder. Seul l'expéditeur dispose de sa clé privée qu'il doit conserver précieusement en sécurité. Si l'expéditeur utilise sa clé privée pour coder le message, le destinataire devra entrer la clé publique pour le décoder, on parlera dans ce cas de signature électronique ou digitale. Tout ceci permet de s'assurer que les emails n'ont pas été modifiés ou lus pendant leur transport ainsi que de s'assurer de l'identité de l'expéditeur.

Les clés peuvent être délivrées par des organismes de certifications qui servent ensuite de référence.

Une identification numérique inclut une « clé publique », une « clé privée » et une « signature numérique ». Signer numériquement un message revient à ajouter votre signature numérique et votre clé publique à ce message. La combinaison d'une signature numérique et de la clé publique est appelée « certificat ». Les destinataires de vos messages peuvent utiliser votre signature numérique pour vérifier votre identité ; ils peuvent utiliser votre clé publique pour vous envoyer des messages cryptés que vous seul pourrez lire en utilisant votre clé privée. Pour pouvoir envoyer des messages cryptés, il est obligatoire que votre carnet d'adresses contienne les identifications numériques de ses destinataires. De cette façon, vous pouvez utiliser la clé publique de ces personnes pour leur envoyer des messages cryptés. Lorsqu'un destinataire reçoit un message crypté, il utilise sa clé privée pour le décrypter et le lire en clair.

Avant de pouvoir envoyer des messages signés numériquement, vous devez vous procurer une identification numérique.

Les logiciels de cryptage offrent des annuaires de clés de vos correspondants, accessibles par un mot de passe et une option offrant une visualisation uniquement des premiers caractères de ces clés, ceci afin d'abriter les clés des regards indiscrets.

Une grande difficulté dans le chiffrement consiste en un problème légal, dans la mesure où les autorités américaines n'autorisent pas la diffusion en dehors du sol américain des algorithmes de cryptage de haut niveau, considérant qu'il s'agit d'une arme. En outre la législation de certains pays (en particulier la France) n'autorise pas le cryptage des messages.

Des méthodes de cryptage sont présentées mais le lecteur doit être informé qu'il est normalement interdit de crypter sans autorisation. Il est autorisé de crypter après dépôt de l'algorithme de cryptage auprès de l'administration et acceptation par celle-ci.

Cependant, le commerce électronique a besoin des services de la cryptographie pour assurer au client que son numéro de carte bleu ne sera pas dérobé et copié pendant son transfert.

Sur Internet des algorithmes existent et ils sont visibles sur des serveurs publics. Nous préférerons vous donner les adresses de ces serveurs, plutôt que de donner les détails dans le présent manuel. Parlons de différents algorithmes : PGP (Pretty Good Privacy) est une solution de cryptage très sophistiquée. PGP est devenu très vite le standard de cryptage des messages, parce qu'il est gratuit, d'une part et parce que le MIT (Massachusset Institute of Technologie) soutient le protocole. Standard ne veut cependant pas dire unique, puisqu'il existe d'autres systèmes, moins répandus, il est vrai. PGP évolue et de nouvelles versions paraissent à des vitesses différentes selon les pays ; les nouvelles versions sont incompatibles avec les versions précédentes. Ceci veut donc dire que, si vous utilisez PGP, il est important que vous informiez votre correspondant de la version utilisée. Comme d'autres logiciels de cryptage, PGP utilise deux clés, l'une publique et l'autre privée. La clé publique permet un premier niveau de sécurité dans la mesure où seules les personnes qui connaissent cette clé peuvent vous écrire ou vous lire. PGP utilise un code de validation en fin de codage qui permet de valider la cohérence du message crypté. Mais c'est la clé privée que votre correspondant devra posséder qui permettra la parfaite sécurité du protocole.

LA SIGNATURE NUMERIQUE

À mesure que davantage de personnes transmettent des informations confidentielles par courrier électronique, il est de plus en plus crucial de s'assurer que les documents ainsi envoyés sont authentiques.

Exemple :
Le décret du 30 mars 2001 sur la signature électronique fixe la liste des conditions techniques à remplir pour sécuriser le système : la signature numérique qui respecte ces conditions légales identifie avec certitude le signataire et atteste qu'il a bien donné son consentement à l'acte.

Le programme qui sert à la mise en place de la signature doit recevoir une certification ministérielle. Un tiers de confiance est chargé de vérifier l'identité du signataire et peut être mis en cause en cas de défaillance du système. Avec la signature numérique vous pouvez prouver votre identité lors de transactions électroniques de la même manière que vous présentez votre carte d'identité à un employé de l'administration.

La signature électronique est constituée par un code secret propre au signataire. Le procédé technique doit permettre au détenteur d'assurer la confidentialité de son sceau et de le conserver sous son contrôle permanent et exclusif. Une même personne pourra disposer de plusieurs signatures selon l'interlocuteur auquel il s'adresse. C'est ce qui existe déjà pour les cartes de crédit. Un prestataire de certification est chargé de garantir l'identité du signataire et sa légitimité à signer. Il doit assurer l'horodatage et l'archivage des données de la signature et tenir à jour un annuaire des signatures. Ceci doit permettre au correspondant de vérifier que la signature n'est ni périmée ni volée.

Un certificat attestant l'identité du signataire est délivré par le prestataire de certification. L'internaute devra se présenter physiquement auprès du prestataire et justifier de son identité par un document officiel.

SECURISATION DES TRANSACTIONS

INTRODUCTION

Un problème de base concernant la confidentialité est que le destinataire de vos communications peut voir que vous l'avez envoyé en regardant les entêtes et qu'il en va de même des intermédiaires autorisés, comme les fournisseurs de services Internet, et parfois même des intermédiaires non autorisés. Une méthode très simple d'analyse du trafic consiste dans l'observation des messages entre expéditeurs et destinataires sur le réseau, en regardant les entêtes. Le cryptage ne gêne pas ces attaquants car seule la partie utile des données transférées peut être cryptée ; les en-têtes ne peuvent pas être cryptées.

L'information n'est pas transmise sur les réseaux uniquement sous forme de messages conformes au protocole SMTP ; le développement des échanges respectant le protocole http par l'intermédiaire des pages WEB écrites en langage HTML soulève d'autres problèmes. Des formulaires contenant des données personnelles comme votre adresse et votre identité, le numéro de votre carte bancaire ou de votre compte en banque sont échangés entre votre micro-ordinateur et le serveur WEB : l'envoi et la réception sont directs et instantanés car la procédure est interactive. La nécessité de sécuriser la transaction est très forte : vous pouvez ne pas envoyer de données confidentielles par courrier électronique mais pour régler un achat par le WEB, vous êtes obligé de fournir des renseignements qu'il serait dangereux de livrer aux pirates. Les procédures de sécurisation des transactions utilisées par les banques par exemple comprennent deux aspects ; les données sont cryptées pour l'échange comme cela est possible pour la messagerie mais en outre le canal de transfert des données est lui aussi surveillé.

SSL

SSL (Secure Sockets Layers) est un procédé de sécurisation des transactions effectuées via Internet. Il repose sur un procédé de cryptographie par clef publique afin de garantir la sécurité de la transmission de données sur Internet Le système SSL est indépendant du protocole utilisé, ce qui signifie qu'il peut aussi bien sécuriser des transactions faites sur le WEB par le protocole HTTP que des liaisons via le protocole FTP ou Telnet. En effet, SSL est une couche supplémentaire de logiciel, permettant d'assurer la sécurité des données qui est située entre les applications sur le micro-ordinateur et le protocole de la suite TCP/IP.

La sécurisation des transactions par SSL est basée sur un échange de clef entre le client, votre ordinateur et le site serveur. Un utilisateur utilisant un navigateur Internet pour se connecter à un site de commerce électronique sécurisé par SSL enverra des données cryptées sans s'en préoccuper. Il sera en général informé par un message qu'il utilise à partir de cet instant une liaison sécurisée, en outre, il sera affiché par exemple un cadenas verrouillé pour indiquer une connexion à un site sécurisé par SSL ; en fin de transaction il sera aussi informé par un message que la liaison n'est plus sécurisée. Les navigateurs professionnels supportent SSL.

SSL n'intervient pas pendant toute la durée de connexion à un site mais seulement lorsque vous avez besoin d'effectuer une transaction sécurisée ; lorsque vous explorez le catalogue d'un magasin sur le WEB, vous n'établissez pas une connexion sécurisée, c'est seulement lorsque vous allez souhaiter régler vos achats en fournissant des renseignements sur vos moyens de paiement que vous allez déclencher la procédure : vous en serez informé par un message, par l'apparition d'un petit cadenas ou par le chargement momentané d'un programme qui prendra en main la sécurisation de la transaction. A la fin de la transaction vous êtes informé du changement de statut de votre connexion. Lorsque vous êtes connecté sur un site serveur sécurisé par SSL et que vous déclenchez une opération qui requiert un formulaire sécurisé, pour effectuer un achat par exemple, la procédure d'échange sécurisée est mise en œuvre ; une description simplifiée de la procédure est présentée ci-après.

- le client connecté au site serveur déclenche une requête de formulaire sécurisé

- le client créé une clé privée qu'il va conserver et une clé publique qui va être expédiée au serveur.

- le serveur crée une clef de session en cryptant un message aléatoire à partir de la clé publique, puis l'envoie au client.

- à réception, le client crypte la clef de session à l'aide de la clef privée, puis l'envoie au serveur qui va la décrypter à l'aide de la clé publique et de la clef de session afin de vérifier l'authenticité du message, donc de l'acheteur.

- le reste des transactions peut alors se faire à l'aide de la clef de session, connue des deux côtés et inconnue des autres entités du réseau. La clé de session n'a d'existence que pendant la session ; toutes les clés de session sont temporaires et uniques.

Cette procédure apporte un haut niveau de sécurité pour les transactions ; elle peut être complétée par la protection du canal de transfert.

VPN

Un nouveau service de connexion sécurisé se développe sur Internet, le VPN (Virtual Private Network) ou réseau privé virtuel.

Lorsque vous vous connectez à internet, tout le mode voit votre adresse et d'où vous vous connectez, de quelle ville et de quel pays. Des sociétés offrent le service de VPN ; elles disposent d'un logiciel de communication capable de crypter les informations qui est implanté sur votre matériel, tablette, téléphone ou ordinateur ; elles implantent des serveurs de communication dans de nombreux pays du monde ; vous pouvez par l'intermédiaire de l'un de leur serveur situé dans une autre pays du monde, un suédois par exemple en utilisant leur logiciel de transmission apparaitre comme un utilisateur suédois utilisant internet depuis la Suède ; les paquets de données qui circulent sur Internet sont mis sous doubles enveloppes. Toute la communication est cryptée entre votre machine et le serveur de communication de la société à l'étranger. Il n'est plus possible aux indiscrets qui examineraient les paquets échangés sur le réseau d'avoir une vision de la délimitation, de la nature ou du volume des données qu'ils transportent. Le décodage devient extrêmement complexe et requiert d'énormes moyens en puissance de calcul. Vous pouvez vous connecter ou vous voulez sans que votre opérateur puisse connaitre vos interlocuteurs finaux et examiner les adresses des destinataires. Pour tenter d'échapper aux contrôles qui se développe de plus en plus pour restreindre la liberté d'accès et de parole, se développent des réseaux point à point ou l'information transite par plusieurs serveurs : l'origine, le destinataire et l'information deviennent difficile à contrôler ; les entêtes ne reflètent que localement les intermédiaires.

Avast, Enikma et NordVpn proposent le service de VPN.

LA PROTECTION DES DONNEES PERSONNELLES

INTRODUCTION

Sur Internet, tout est enregistré. Les entreprises souhaitent en savoir le plus possible sur leurs clients. Internet permet de pousser très loin cette démarche. Tous les échanges ont lieu à travers les ordinateurs. Les moindres détails –nombre de connexions aux sites, temps passé, pages consultées, ordre de consultation des pages, origine géographique de l'appel, date de la dernière connexion, centres d'intérêt, goûts, âge, sexe, situation patrimoniale et matrimoniale, revenus …- peuvent être analysés, enregistrés puis disséquées par des programmes spécialisés destinés à en tirer des conclusions sur les goûts des clients, son comportement, sa personnalité. Toutes vos sessions de connexion sont analysées : vous êtes pisté. Les bases de données ainsi constituées peuvent être vendues. Vous recevez ensuite des publicités adaptées, personnalisées, vous devenez une cible. Alimenter de tels fichiers est devenue la principale raison d'être de nombreux sites : ils attirent les visiteurs grâce à des offres alléchantes telles qu'un accès gratuit à Internet, des propositions de réduction, des jeux d'argent ou des loteries. Lorsque vous vous connectez à un site, vos variables d'environnement lui sont automatiquement communiquées ; parmi elles on trouve le numéro IP de l'appelant, le type de navigateur utilisé et les adresses des pages WEB consultées immédiatement auparavant. Ces données techniques, a priori banales, servent à établir le dialogue entre les deux machines distantes mais aussi à alimenter la base de données d'informations du site serveur. L'historique des pages consultées conservé, stocké sur vos disques par votre navigateur est aussi une source importante d'information pour les programmes d'analyse.

Avec Internet, vous pouvez vous connecter sur les sites du monde entier mais gardez en mémoire le fait que la législation est très différente selon les pays.

En France, vous pouvez vous tenir informé de l'évolution des législations en vous connectant à la CNIL, sur le site de la Commission européenne, société de l'information et protection de la vie privée « www.europa.eu.int » et auprès du Conseil de l'Europe, recommandation sur la protection de la vie privée « www.coe.fr ».

En France, tous les fichiers contenant des informations nominatives doivent être déclarés à la CNIL. Les données nominatives qui sont les informations qui permettent de vous identifier directement (nom, adresse, numéro de téléphone, adresse email, données techniques de votre ordinateur...) sont théoriquement protégées. Vous devez être informé que de telles informations sont recueillies sur vous et sur les destinataires de ces informations. Lorsqu'un questionnaire est proposé, le caractère obligatoire ou facultatif des réponses doit être indiqué. La collecte des informations sur vos origines raciales, vos opinions politiques, philosophiques ou religieuses, vos appartenances syndicales ou vos mœurs est interdite. La collecte d'informations à votre insu est interdite. Les données collectées doivent être nécessaires aux finalités du traitement. Il est normal de vous demander votre nom et votre adresse pour vous livrer un achat, pas votre âge ou votre situation familiale. Vous avez le droit de consulter les informations collectées à votre sujet et de les faire rectifier le cas échéant.

Avant de remplir un questionnaire en ligne, informez-vous sur ce que les responsables du site comptent faire des informations communiquées. Les sites bien conçus comportent une rubrique spéciale à ce sujet accessible dès la page d'accueil. Le cas échéant, refusez explicitement que vos données personnelles soient communiquées à des tiers. Evitez de répondre à des questionnaires qui ne laissent pas cette possibilité ou qui n'annoncent pas explicitement qu'il se réserve ces données à leur usage exclusif et qu'ils ne les communiqueront pas. D'une façon générale ne répondez qu'aux questions obligatoires.

Gardez l'anonymat, utilisez des pseudonymes le plus souvent possible en particulier dans les adresses émail.

Anonimyser, spécialiste en technologie de la vie privée, à l'adresse « www.anonymiser.com » et l'organisation anglaise Privacy international, une organisation non gouvernementale anglaise, à l'adresse « www.pivacyinternational.org » sont des sites intéressants à consulter.

Anonimyser offre la possibilité de vous connecter à travers son site partout dans le monde sur les sites WEB en conservant votre anonymat. Par son intermédiaire, il n'est plus possible de vous identifier ou de collecter des renseignements sur vous.

LES COOKIES

Définition :

Nombres de sites Internet auxquels vous vous connectez implantent automatiquement un petit fichier appelé cookie initialement conçu pour faciliter la consultation du site.

Les cookies servent maintenant de plus en plus à collecter des données sur votre comportement d'internaute. Ils réunissent tous les éléments du pistage.

Le cookie indique par exemple, au site, lors d'une nouvelle visite, dans quelle langue vous l'avez consulté la dernière fois et vous accueille automatiquement dans cette langue.

Ils sont programmés pour s'enregistrer dans un répertoire spécifique du visiteur. Ils peuvent enregistrer toutes sortes d'opérations réalisées par le visiteur sur ses propres disques ; un programme tournant sur le site serveur est capable de lire les informations enregistrées par les cookies. Rien n'empêche les sites de faire durer leurs cookies plusieurs mois et même plusieurs années : les cookies restent en place tant que vous ne les effacez pas. A chaque connexion, le site reconnaîtra les informations qu'il a stockées sur votre disque dur. Un site peut déposer plusieurs cookies. C'est ce qui explique en partie la mémoire d'Internet : un site météo souvent visité retrouve votre département, un autre retrouve le jour de votre fête par votre prénom ou la date de votre dernière connexion.

Sous Windows et Internet explorer, les cookies sont situés dans le répertoire c:\Windows\Cookies. Si vous examinez ce répertoire, vous pourrez constater, si vous vous connectez souvent sur Internet, qu'il contient de nombreux Cookies.

Le protocole HTTP prévoit que seul le site ayant créé un cookie peut le lire.

Vous pouvez supprimer tous les cookies sur votre disque soit en les effaçant par une commande manuelle, soit en passant, dans Internet

Explorer par Outils, Options, Général, Effacer les fichiers. Par cette commande vous effacez aussi les fichiers des pages consultées enregistrées dans le dossier *Temporary Internet Files.*

Il est aussi possible de choisir, dans votre explorateur, l'option Refuser les cookies. Par Outils, Options, Sécurité, Personnaliser le niveau, vous ouvrez une fenêtre qui permet de faire des choix de traitement concernant les cookies.

Sous la rubrique Cookies, on trouve six cases à cocher qui permettent de choisir d'accepter ou non les cookies ; vous pouvez demander qu'ils soient effacés en fin de chaque session de connexion à Internet et choisir de ne les laisser s'installer qu'après accord de votre part.

Vous trouverez facilement sur des sites serveurs de logiciels des programmes gratuits ou à coût de participation réduit qui empêchent les cookies de s'enregistrer. Attention toutefois car si vous refusez l'installation des cookies, de nombreux sites vous refuserons l'accès.

LE VIRUS

Les virus sont devenus une menace significative pour les ordinateurs et les réseaux qui leur permettent de se multiplier extrêmement rapidement.

Définition :
Les virus sont des morceaux de code ou des suites d'instructions qui ont pour objet de provoquer des anomalies de fonctionnement sur votre ordinateur en intervenant sur le bon fonctionnement du système d'exploitation. Ils visent à désorganiser les ordinateurs individuels, les serveurs et le réseau.

Pour mériter leur nom de virus, ils doivent se propager par leurs propres moyens en se reproduisant par eux-mêmes furtivement et en passant d'ordinateurs en ordinateurs ; ils infectent de proche en proche les différents logiciels rencontrés. Ils s'introduisent à l'occasion de transfert de fichiers ou d'échanges d'informations. Les messages, les documents attachés et les logiciels anonymes récupérés sur le réseau sont les principaux vecteurs de propagation des virus. Il n'est pas cependant nécessaire d'être connecté au réseau pour être contaminé : la recopie sur votre micro-ordinateur d'une disquette contenant un jeu ou un programme utilitaire obtenu dans votre entreprise ou chez un ami est souvent le début de l'infection.

Des programmes de destruction ont été créés par jeu ou par compétition : de jeunes informaticiens en écrivent pour s'entraîner. Il existe aussi une population particulière de programmeurs de haut niveau, les « Hacker » qui s'enorgueillissent de parvenir à surmonter toutes les barrières qui sont mises par les différents fournisseurs de logiciels et de systèmes. Mais il faut surtout craindre les saboteurs et les terroristes qui conçoivent des virus pour désorganiser les réseaux informatiques, les ordinateurs et les logiciels des adversaires qui constituent des cibles stratégiques en cas de guerre ou de rivalité économique. Les virus sont certainement le résultat visible de tentatives de sabotage mises en œuvre tout à fait volontairement pour désorganiser le réseau et le rendre moins sûr.

La production de virus informatiques n'est qu'un aspect d'une longue tradition d'activités pirates dans le domaine des télécommunications et de l'informatique.

La présence de virus se manifeste quelquefois très longtemps après l'infection soit par des messages, soit par un ralentissement progressif de la machine, soit par arrêt de la machine dans les cas graves lorsque toutes les données sont détruites.

Lorsque vous êtes infecté sans le savoir, vous êtes généralement devenu un vecteur de transmission : les messages que vous envoyez, les fichiers que vous créez et les disquettes que vous enregistrez peuvent contenir le virus.

Si vous ne disposez pas d'une sauvegarde saine, vous pouvez perdre le résultat de longues heures de travail. Si vous n'avez pas pris garde de conserver un double de tout ce que vous avez installé sur votre micro-ordinateur y compris les supports du système d'exploitation, vous aurez beaucoup de mal à faire redémarrer votre machine. Il existe des logiciels de sauvegarde rapide de la totalité d'un disque qui peuvent s'avérer très utiles dans ces moments de même que des moyens de protection.

Certains virus, particulièrement destructeurs, attaquent la partition de démarrage (boot sector) sur le disque système ; dans ce cas, il faut formater le disque avec précaution en repartant de disquettes protégées pour ne pas être contaminé et redéfinir des partitions avant de réinstaller le système d'exploitation.

Il faut être conscient que vous prenez un risque quand vous chargez un logiciel ou n'importe quel document depuis une disquette dont vous ne connaissez pas l'origine précise ou un logiciel illégalement dupliqué : le virus peut surgir au moment où vous exécuterez le programme ou bien lorsque vous ouvrirez le document.

Pour vous protéger des virus, il est recommandé d'installer un logiciel de traitement des virus. Il vous protégera contre la contamination ; en cas d'infection, il décontaminera vos supports d'information et réparera vos fichiers dans la mesure du possible.

Une parade et un remède : les logiciels antivirus

Pour se préserver des virus, il existe de nombreux logiciels spécialisés gratuits ou payants. Les logiciels les plus complets ont différentes fonctions plus ou moins paramétrables :

- l'analyse de la situation : la recherche de virus sur les disques, disquettes et en mémoire par analyse des fichiers, des zones de démarrage et des programmes en mémoire. Cette fonction peut avoir de nombreux paramétrages qui portent notamment sur :

- la recherche périodique : dans ce cas vous choisissez d'analyser tous les jours, tous les mois, à périodicité contrôlée, uniquement en déclenchement manuel lorsque vous avez le temps ou bien à chaque démarrage de votre micro-ordinateur.

- la recherche permanente : dans ce cas, le logiciel est lancé en permanence dès le démarrage du micro-ordinateur. A chaque fois que vous chargez un programme, une disque, il est analysé à la recherche de virus.

- la qualité : il est possible de n'analyser que l'en-tête des fichiers ou toutes données qu'il contient

- la portée de l'analyse : il est possible d'analyser qu'un seul disque par exemple parmi plusieurs

- la désinfection et la réparation : un virus étant rencontré, le logiciel peut neutraliser le virus et tenter de réparer les dégâts. Il n'est pas hélas toujours possible de réparer ce qui a été détruit. Dans ce cas, le logiciel antivirus signale son échec et crée un fichier particulier inoffensif contenant ce qu'il a récupéré. Ce fichier ne peut plus souvent, hélas être traité.

De nouveaux virus apparaissent très fréquemment : sans mise à jour, ils se périment très rapidement. Il est indispensable, si vous achetez un logiciel antivirus de regarder de près sa date de publication, de demander les conditions de mise à jour et la manière de les obtenir. Certains logiciels antivirus ont des bases de données de signatures de virus qui sont mises à niveau régulièrement et à l'apparition de nouveau virus. En se connectent sur Internet à leur site serveur, il est possible d'obtenir les dernières mises à jour. Après un certain délai, l'obtention des mises à jour est payante. Ceci permet d'être sûr d'avoir les derniers détecteurs de virus. Si vous ne disposez pas d'un logiciel récent, vous risquez que les virus de dernières générations ne soient pas détectés.

Lorsque vous installez un logiciel, il faut souvent arrêter le logiciel antivirus car celui-ci protège les parties vitales de votre système et y interdit toute écriture. Il ne sait pas reconnaître si cette écriture est légale ou si c'est une tentative d'introduction de virus. Vous pouvez le relancer après l'installation.

Avast est un logiciel antivirus très apprécié ; il est gratuit pour les particuliers. La firme Avast commercialise un circuit virtuel VPN. Windows Defender est utile pour les systèmes Windows. Il existe de nombreux autres produits.

LES MESSAGES ABUSIFS (SPAM)

QU'EST-CE QU'UN MESSAGE ABUSIF ?

Définition :

Le spam est un message non sollicité envoyé généralement à des fins publicitaires.

La diffusion d'articles publicitaires par l'envoi de courriers électroniques ou de messages non sollicités sur les réseaux sociaux permet d'atteindre des centaines de milliers de lecteurs potentiels d'une façon extrêmement simple, peu coûteuse et rapide.

Envoyer un même message publicitaire, un article politique, une lettre-chaîne incitant les lecteurs à envoyer de l'argent, dans de nombreux groupes ou dans des milliers boîtes aux lettres sont des exemples de messages abusifs. Vous pouvez aussi recevoir toutes sortes de propositions directement : jouer dans des loteries, acheter des actions à fort rendement, trouver l'âme sœur, devenir riche rapidement etc....

Ces caractéristiques intéressantes n'ont malheureusement pas échappé à de nombreux individus qui s'approprient les ressources des réseaux pour diffuser des messages à caractère publicitaire, voire des messages au contenu illégal au plus grand nombre de destinataires possibles ; le coût de l'envoi est très faible pour eux est relativement aisé.

Les messages abusifs sont extrêmement nombreux sur les réseaux et si l'on n'y prend pas garde peuvent encombrer les boites de réception de messagerie par centaines presque chaque jour.

COMMENT S'EN PRESERVER ?

Il est difficile de se protéger contre les messages publicitaires et autres messages abusifs. Certains logiciels de messagerie et des serveurs de messagerie permettent d'éliminer des émetteurs et de refuser leurs messages ; mais il faut déjà avoir reçu un message de cet émetteur, avoir constaté qu'il s'agissait de publicité ou d'un opportun pour faire la demande sur la base de l'adresse email de l'expéditeur. Certains responsables de serveur de messagerie demandent qu'on leur signale les auteurs de messages publicitaires et se chargent de les poursuivre.

Il est conseillé de ne pas colporter les rumeurs : avant d'envoyer à tous vos amis et relations l'annonce d'un virus très contagieux, essayez de vérifier s'il s'agit véritablement d'un nouveau virus ou d'un canular.

PIRATAGE

Les intrusions sur les disques durs des ordinateurs des sites ou des services peuvent entraîner la divulgation d'informations vous concernant. Vos ordinateurs peuvent aussi être la cible de pirate mais c'est beaucoup plus rare ; en effet pour tenter de pénétrer, il faut que l'espoir d'un butin important motive le pirate. Il est plus intéressant de pirater une banque pour récupérer des numéros de cartes bancaires que l'ordinateur d'un particulier.

La loi impose à ceux qui collectent l'information vous concernant de veiller à ce qu'elles ne soient pas déformées, endommagées ou communiquées à des tiers non autorisés. Le responsable d'un site Internet doit donc prendre des mesures. Les victimes d'abus peuvent engager la responsabilité des responsables de sites serveurs qui est tenu de conserver les données permettant l'identification des auteurs de sites particuliers ou professionnels.

Toute tentative de pénétrer frauduleusement dans un ordinateur, à plus forte raison si cette intrusion modifie le fonctionnement du système, entraîne la perte ou l'altération des données est interdite par la loi et entraîne des poursuites contre leurs auteurs quelles que soient les raisons qu'ils invoquent.

METAVERS OU UNIVERS VIRTUEL

Métavers est le nom utilisé pour définir un monde virtuel, un monde fictif. L'expression Métavers, en anglais "Metaverse", est une contraction des mots méta et univers. Le métavers est donc une méta univers ; un nouvel univers plus large.

Il s'agit d'un réseau d'univers virtuels interconnectés, massivement évolutif, dans lequel des personnes pourraient échanger en temps réel. Dans cet univers, il est possible de jouer à des jeux, travailler, échanger, bref, c'est la représentation virtuelle de la vie de tous les jours. Certains considèrent Metavers comme l'univers de demain, un univers qui donne la possibilité d'accéder à une grande variété de produits et services sans avoir à se déplacer. C'est un concept de monde futuriste qu'il propose ; le concept de l'internet de demain.

Outre une connexion à internet, il faut un casque de réalité virtuelle pour se connecter à un Metavers. Une fois dans le Metavers, l'utilisateur prend la forme d'un avatar dont il a la possibilité de changer l'apparence. C'est une technologie qui va prendre le contrôle des principaux réseaux sociaux. C'est la réunion les réseaux sociaux, de sites Internet, d'applications mobiles, ou encore les jeux vidéo, de présentation de mode ou de réunion dans un environnement particulier dans un monde virtuel en trois dimensions.

Le métavers est un concept d'univers virtuel en ligne, où il sera bientôt possible de jouer à des jeux, suivre des cours, travailler, faire ses emplettes. Concrètement, un utilisateur pourrait ainsi enfiler ses lunettes de réalité virtuelle le matin, et participer à une rencontre avec ses collègues dans un bureau virtuel, où chacun est représenté par un avatar, un peu comme s'ils avaient une réunion dans un jeu vidéo. Ces avatars pourraient être réalistes, ou même fantastiques, selon les goûts et les envies de chacun. Le soir, les collègues pourraient se rencontrer virtuellement pour aller acheter des vêtements virtuels pour habiller leurs personnages, et ensuite aller ensemble dans un cinéma du métavers. Chaque personne serait physiquement chez elle, dans son salon, mais son casque de réalité virtuelle ou sa télé intelligente connectée au métavers lui permettrait de regarder le film dans cet univers virtuel, avec ses amis.

On pourrait aussi accéder au métavers via la réalité augmentée, où des lunettes permettraient de mêler l'univers virtuel au monde physique. Cela pourrait être pratique pour des réunions hybrides, par exemple, où certains participants seront réunis au même endroit, alors que d'autres y accèderont à distance.

Au lieu de regarder un contenu, vous y participez.

Quels sont les Accessoires pour pénétrer dans un Métavers ?
Même si on pourra en théorie accéder au métavers sur n'importe quel écran (téléphone, ordinateur, etc.), le concept est surtout imaginé en réalité virtuelle, où un casque que l'on place devant nos yeux donne l'impression de nous transporter dans un univers numérique.

Un casque de réalité virtuelle : c'est l'un des équipements de base pour accéder à cet univers. C'est le casque qui donne le sentiment immersif.

Un capteur tactile à haute résolution. Le capteur tactile permettra de transmettre les mouvements de la composante réelle à l'avatar.

Des accessoires personnalisés. Un des principaux points est le fait de pouvoir personnaliser son environnement. L'avatar a la possibilité de créer un environnement de choix en se tournant vers des marques qui proposent une variété de skins ou revêtement donnant un aspect original aux utilisateurs. Les gens achètent des NFT comme des tableaux. Dans le metaverse, les gens achètent des propriétés et des terrains avec de l'argent réel. Lorsqu'ils se construisent une maison sur ce terrain, ils utilisent ces tableaux pour décorer leur maison. C'est dans cet environnement que les NFT sont largement utilisés.

La monnaie dans un Métavers.

La monnaie utilisée dans les Méta Univers est principalement une cryptomonnaie. Dans un méta, il y a plusieurs monnaies avec lesquelles échanger.

Conclusion

Le Métavers est perçu comme l'avenir des réseaux sociaux.

On ignore encore de quoi exactement aura l'air le métavers, mais on a déjà une petite idée de qui pourra en profiter. Les grands gagnants seront probablement ceux qui créeront les plateformes technologiques pour accueillir toutes ces expériences. Une des entreprises qui déploient le plus d'efforts pour être au cœur du métavers est Facebook, devenu Meta, en l'honneur du concept. Pour le fondateur de ce réseau social cette vision est la nouvelle raison d'être de son entreprise. Meta n'est pas la seule à vouloir mettre en place cette technologie. Les studios derrière les jeux vidéo ont aussi une telle ambition. Microsoft travaille également sur différents outils qui pourraient se retrouver au cœur d'un métavers.

NETIQUETTE

Fusion des mots anglais Net (Réseau) et Etiquette (Ethique), la Netiquette est un ensemble de règles de bon usage qu'il peut être convenable de respecter sur Internet. Ces règles seront profitables à vous-même comme aux autres.

Ne pas encombrer votre boîte aux lettres. Vérifier vos courriers régulièrement si vous en recevez beaucoup. Si vos mails résident sur un autre disque dur que le vôtre, une fois qu'ils sont lus, ne les conservez pas indéfiniment mais détruisez-les ou rapatriez-les. Sachez que les mails ne sont pas confidentiels Vos mails vont transiter sur le réseau et être stockés sur des disques durs jusqu'à ce que vous les lisiez, donc il est en principe facile à n'importe quel administrateur de lire un de vos mails. Donc évitez les informations confidentielles.

Ne vous abonnez pas à trop de listes de distribution. Sachez que si, par une soirée d'hiver, vous vous abonnez à une dizaine de listes de distribution, il peut bien vous arriver 100, 200 ou 1000 courriers sous vingt-quatre heures. Donc abonnez-vous progressivement à vos listes de distribution préférées. Soyez sûr de vos adresses. La plupart du temps, les envois erronés sont sans incidence, mais si vous envoyez un très gros courrier (notamment avec des attachements) une erreur peut vous coûter cher en temps de connexion. N'oubliez pas le champ sujet. Le champ sujet est celui qui est lu en premier lieu par vos correspondants pour identifier votre message. Ecrivez un texte concis et le plus explicite possible. Dans les News, les lecteurs lisent votre message si l'indication portée dans le sujet de votre article ou message les intéressent.

Il est facile d'écrire et d'envoyer un message, ce n'est pas une raison pour écrire n'importe quoi ou de ne pas le relire une ou deux fois avant de l'envoyer.

LES CRYPTO MONNAIES ET LA BLOCKCHAIN

Le monde de la monnaie est en train de changer. Une crypto monnaie est une monnaie émise de pair à pair, sans nécessité de banque centrale, utilisable au moyen du réseau informatique Internet. Une crypto-monnaie est une monnaie virtuelle. Les utilisateurs de ce type de monnaie valident eux même toutes leurs transactions avec leur signature unique. Toutes les transactions impliquant les crypto-monnaies sont inscrites dans un grand registre, consultable par tout le monde, une base de données, la blockchain ou chaine de blocs. La crypto-monnaie garantit un anonymat complet pour ses utilisateurs permettant en outre d'éviter les vols et autres tentatives de détournement. Ce type de monnaie a été créer pour un but précis : permettre à deux personnes totalement inconnues d'effectuer en toute sécurité des transactions monétaires sans aucune autre intervention extérieure (banque, notaire, etc.). La cryptomonnaie fonctionne grâce à la cryptographie qui est un système de codage : une écriture protégée et chiffrée avec des clés (mots de passe, empreinte, etc.). Une crypto-monnaie est avant tout une monnaie virtuelle qui ne dépend pas du système bancaire classique et donc qui n'est pas gérée par une banque centrale comme le sont les monnaies fiduciaires. Ces crypto-monnaies n'ont ainsi pas de support physique comme des pièces ou des billets.

La blockchain est la technologie sous-jacente qui est à la base de toutes les cryptomonnaies. La blockchain est une technologie de stockage et de transmission d'informations, transparente, sécurisée, et fonctionnant sans organe central de contrôle ; une blockchain constitue une base de données qui contient l'historique de tous les échanges effectués entre ses utilisateurs depuis sa création. Cette base de données est sécurisée et distribuée : elle est partagée par ses différents utilisateurs, sans intermédiaire, ce qui permet à chacun de vérifier la validité de la chaîne. On peut le considérer comme un grand livre public cryptographiquement sécurisé utilisé pour enregistrer les transactions. La blockchain, ou chaîne de blocs en français, régit les transactions ainsi que les émissions de crypto-monnaies. Elle agit donc comme un registre décentralisé de toutes les transactions ayant été effectuées avec une cryptomonnaie. La blockchain utilise la cryptographie afin de transférer la propriété de crypto-monnaies d'une personne à une autre de manière sécurisée. Les données étant anonymisées et les transactions étant intraçables, le répertoire contient seulement les informations suivantes : les montants des transactions, les clés cryptographiques et les adresses des émetteurs.

Une fois les transactions des crypto-monnaies inscrites dans la blockchain, elles sont scellées avec une clé après vérification et validation du bloc par les différents ordinateurs du réseau. Les crypto-devises transitent par le biais d'un réseau d'ordinateurs. Le principe de la blockchain sécurise ainsi la crypto-monnaie, la rendant non duplicable et infalsifiable.

En février 2009 est créé le premier Bitcoin. Le Bitcoin, est considéré à ce jour comme la toute première monnaie électronique fiable. Toutefois, personne n'a pu jusque à ce jour identifier qui était réellement son fondateur. Le Bitcoin reste à ce jour le leader de ce marché. Il existe plus de 2000 crypto monnaies disponibles aujourd'hui. Le Bitcoin détient environ la moitié du marché.

À quoi sert une crypto-monnaie ?

Une crypto-monnaie sert avant tout à payer des achats de la même manière qu'avec une monnaie physique. Il est donc possible de l'utiliser pour toutes sortes de dépenses à partir du moment où le vendeur et commerçant accepte ce mode de règlement. Mais aujourd'hui et grâce à l'essor du Bitcoin et des autres jetons de plus en plus populaires, la crypto-monnaie est aussi utilisée dans le cadre de stratégies d'investissement. L'idée est ici de profiter de la volatilité du cours de ces crypto-monnaies pour réaliser des gains sur la plus-value. Il s'agit d'acheter des jetons de crypto dont on pense que le cours va monter afin de les revendre plus tard à un prix plus élevé et d'empocher la différence.

Comment acheter et vendre des crypto-monnaies ?

La manière la plus simple et la plus rapide pour acheter des crypto-monnaies consiste sans doute à passer par un courtier en ligne. Ces derniers sont en effet de plus en plus nombreux sur le marché et ont évolué de manière à proposer un fonctionnement simple. Pour commencer à acheter du Bitcoin ou d'autres cryptos, il vous suffit en effet de créer un compte auprès d'un de ces courtiers par un simple formulaire dans lequel vous renseignerez vos coordonnées bancaires. Ces coordonnées permettent de réaliser les transactions et les paiements entre le compte bancaire et le compte en crypto. Vous pourrez également effectuer un dépôt d'argent en utilisant une carte bancaire. Le mode d'achat de crypto-monnaies auprès d'un courtier peut se faire de plusieurs manières :

- L'achat direct de crypto-monnaies : c'est notamment ce que propose Coinbase qui vous permet d'acheter des cryptos et de les stocker dans un portefeuille virtuel ou Wallet.
- L'achat indirect de crypto-monnaies : d'autres brokers proposent également d'investir sur les crypto-monnaies avec des produits dérivés. Ici, vous ne détenez pas réellement les actifs mais vous pouvez spéculer sur la hausse et même sur la baisse de leur valeur.

Quelle que soit la méthode que vous choisirez pour acheter ou vendre les crypto-monnaies, vous devrez prendre le temps de bien choisir votre intermédiaire en vous assurant des services qu'il propose, de ses fonctionnalités, des cryptos disponibles et de sa fiabilité.
Si une personne souhaite vendre une partie de ses crypto-monnaies à une autre personne, elle doit donc effectuer une transaction visant à transférer ces cryptos sur le portefeuille virtuel de ce dernier en se connectant à son portefeuille numérique ou wallet. La transaction ne sera considérée comme complétée que si elle a été vérifiée et ajoutée à la blockchain au travers d'un processus de minage.
Plusieurs éléments extérieurs peuvent influencer le marché des crypto-monnaies et le cours de ces actifs dont :

- L'offre : on parle ici du nombre total de jetons et de leur taux d'émission, de destruction ou de perte.
- La capitalisation boursière : il s'agit de la valeur totale de tous les jetons existants et de la probabilité d'augmentation, de diminution ou de stagnation de cette valeur.
- La couverture médiatique : une couverture médiatique positive ou négative et en fonction de sa force, va aussi avoir une grande influence sur le marché des crypto-monnaies.

- L'intégration : il s'agit de la capacité d'une crypto-monnaie à s'intégrer dans une infrastructure existante comme les systèmes de paiement en ligne.
- Les évènements marquants : enfin, certains évènements majeurs concernant notamment la réglementation, la sécurité ou certains évènements économiques peuvent aussi impacter ce marché.

La cryptomonnaie est devenue une monnaie alternative adoptée par les acteurs économiques. Il existe aujourd'hui de nombreuses entreprises qui acceptent les paiements par les cryptomonnaies.

Avantages des crypto-monnaies

Les monnaies électroniques sont considérées comme l'une des formes les plus sécurisées et anonymes de transaction monétaire existante. Voici quelques avantages de ces types de monnaie.

- La crypto-monnaie est une monnaie totalement libre : elle ne dépend d'aucune banque centrale. De plus, tout le monde peut créer sa propre monnaie électronique à partir d'une autre existante.
- Les transactions avec les crypto-monnaies garantissent un anonymat complet
- La qualité des transactions est assurée
- Les transactions sont ouvertes : en effet, toute le monde peut consulter l'historique des transactions effectuées avec la blockchain.
- Les crypto-monnaies sont conçues pour internet, elles représentent donc une alternative aux systèmes de paiement traditionnels.
- Il n'y a pas d'intermédiaire lors des transactions : l'argent par directement de l'émetteur au destinataire.
- Les transactions sont irréversibles : dès que la transaction est confirmée, on ne peut plus l'annuler.
- La crypto-monnaie ne peut être contrefaite : on ne peut reproduire et faire passer pour tel un Bitcoin comme on pourrait le faire avec le Dollar ou l'Euro.

Inconvénients de la crypto-monnaie

Malgré tous ces avantages, la monnaie électronique présente encore des inconvénients.

- Les réseaux de paiement par monnaie électronique sont encore peu développés à ce jour, bien que des avancées significatives ne cessent de voir le jour.
- Le consommateur est partagé et a parfois l'embarras du choix quant à la monnaie à laquelle choisir. En effet, il existe un nombre très important de crypto-monnaies, et de nouvelles voient régulièrement le jour.
- Les crypto-monnaies ne peuvent être produites de façon illimitée, un seuil à ne pas dépasser étant fixé. Cela entraîne donc des risques d'inflation ou de déflation.
- Il n'est pas possible d'effectuer des transactions avec certaines monnaies électroniques.
- Le minage, procédé de création des monnaies électriques requiert une consommation d'énergie de plus en plus importante.

- Enfin il faut disposer de matériel adéquat et d'un accès au réseau. Toutes les opérations sont réalisées avec le concours de multiples acteurs internationaux ; la disparition d'un de ces acteurs peut entrainer de fortes perturbations et même la disparition totale du portefeuille virtuel. Il s'agit d'une monnaie qui n'a pas d'existence matérielle ; les fichiers représentatifs peuvent être effacés ou détériorés en ne laissant aucune trace. La moindre anomalie peut faire perdre tout ou partie de sa valeur.

Les cryptomonnaies sont de plus en plus populaires. Si la plupart de ceux qui investissent en cryptomonnaies les achètent dans l'espoir de voir leur valeur augmenter dans le temps pour les revendre, ces dernières sont aujourd'hui des monnaies totalement utilisables.

NFT

NON FUNGIBLE TOKEN. En français « jeton non fongible »

Présentation

Définition de jeton

Un token (ou "**jeton**" en Français) est un actif numérique pouvant être émis et échangé en ligne sur une **blockchain**, sans nécessité de présence d'un intermédiaire.

Définition de fongible

Est fongible ce qui peut être échangé ou substitué par quelque chose d'analogue : on peut échanger une pièce de 1 dollar contre une autre pièce de 1 dollar, Elles sont identiques et ont la même valeur. L'argent est fongible. Est donc non fongible un bien qui ne peut être échangé par la même chose, il est unique et insubstituable. Un NFT est un jeton (un actif) qui n'est pas fongible, il est unique et ne peut s'échanger contre un jeton de même valeur. Il s'agit à la fois d'un certificat d'authenticité, un titre de propriété et un contrat.

Un NFT est un objet de collection numérique. Contrairement à une peinture sur toile, nous ne pouvons pas tenir ces objets de collection numériques dans nos mains. Nous ne pouvons pas les sentir ou utiliser un marteau et un clou pour les accrocher à un mur. C'est un actif purement numérique comme le bitcoin. Et tout comme le bitcoin, les NFT sont cryptographiquement sécurisés par la technologie blockchain. Comme pour le bitcoin, une technologie blockchain peut conférer la propriété de l'actif à un individu. En achetant un NFT, la propriété de ce jeton unique nous est conférée. D'autres peuvent le voir et le copier. Mais ce NFT spécifique est désormais votre propriété, comme si vous aviez acheté une peinture originale.

Cet actif numérique comprend :

- Certificat d'authenticité car lorsque que l'artiste crée le NFT à partir d'une œuvre cela génère une écriture numérique, un marqueur d'authenticité infalsifiable, incorporé et circulant.
- Titre de propriété parce qu'est inscrit sur le certificat d'authenticité, outre le créateur, le propriétaire de l'œuvre. A la création il s'agit de l'artiste puis ensuite ce seront les acheteurs de l'œuvre. Il est incontestable, puisqu'il est certifié par la génération de code informatique vérifié par toutes les copies de la blockchain.

• Contrat car est incorporé dans le NFT les clauses d'utilisation de l'œuvre numérique ainsi que d'éventuels « royalties » perçus par l'artiste à chaque transaction future, s'il en a décidé ainsi. Il s'agit là de ce qui est appelé « smart contracts » ou contrats automatisés.

Cet ensemble généré numériquement est inscrit sur un registre, qui lui-même est incorporé dans une blockchain.

Comme mentionné, les NFT sont un type d'actif numérique ou jeton. La détention de ce jeton fournit un certificat d'authenticité ainsi que des droits juridiques au détenteur du jeton. Cela signifie que le détenteur du jeton peut vendre le NFT sans poser de questions, pas d'intermédiaire, pas de chambre de compensation, pas d'authentifiant nécessaire.

Ces sont simplement les versions modernes des objets de collection. Rappelons que TOUTE œuvre au format numérique peut devenir un NFT identifié (sous forme de token ou jeton en français) par la technologie blockchain. La blockchain majoritairement utilisée pour les NFT est actuellement, et ce depuis leur création, est l'Ethereum, ayant pour cryptomonnaie l'Ether. Il en existe d'autres mais toutes les blockchains ne peuvent héberger les NFT. La propriété d'un NFT spécifique peut être conférée à un individu par l'application d'une blockchain. Et comme tout autre bien numérique, les NFT peuvent être stockés dans un portefeuille numérique et être emportés avec soi n'importe où.

Avant la technologie des NFT il était tout simplement impossible d'être le propriétaire d'un unique fichier numérique, quel qu'il soit. En effet les fichiers numériques sont duplicables à l'infini, un simple copier-coller d'une image et j'ai sur mon ordinateur l'image désirée. Mais je n'en suis pas le propriétaire, et même si c'est le cas, parce que je suis le créateur par exemple, rien ne le garanti de manière sécurisée et infalsifiable.

C'est précisément ce que permet aujourd'hui les NFT liés à la technologie blockchain. C'est un actif numérique qui est cryptographiquement sécurisé et authentifié sur une blockchain. Une toute nouvelle classe d'actifs a vu le jour. C'est à ce moment que les objets de collection numériques ont fait irruption dans le grand public.

Des œuvres artistiques sont vendues à des collectionneurs, des passionnés d'art numériques et des investisseurs mais aussi toute sorte de contenus sous forme de NFT : des textes, des vidéos, des chansons. Le NFT n'est pas l'image ! Le NFT est le titre de propriété informatique qui relie l'image à un portefeuille de cryptomonnaies (aussi appelé « *wallet* »). C'est d'ailleurs pour cela que vous avez

besoin d'un *wallet* afin de collecter des NFT.
Tout se passe sur l'Internet. C'est à dire que la visibilité de telle ou telle œuvre n'est plus soumise à l'appréciation de critiques d'art ou experts en tous genres. Ce sont les utilisateurs, les internautes eux-mêmes qui décident, en fonction de leurs goûts et leur culture, ce qu'ils souhaitent dépenser pour acquérir une œuvre. Il n'y pas d'intermédiaire, hormis les plateformes de vente de NFT, entre l'artiste et l'acheteur. Ni entre un acheteur revendant une pièce à un autre acheteur. L'artiste créé son NFT à partir de l'œuvre, le met en vente sur un des sites existants, fixe le prix, fais la promotion sur les réseaux sociaux ou son site personnel puis effectue la transaction avec l'acheteur, à prix fixe ou aux enchères. Celui-ci peut même décider de fixer un pourcentage qu'il touchera sur chaque future transaction !
Les collectionneurs, les passionnés, les investisseurs, veulent acquérir la propriété d'un bien unique et original, pas une copie. Auparavant c'était impossible pour les œuvres numériques. Aujourd'hui grâce à la technologie de la blockchain et des NFT c'est une réalité.

Qui peux s'intéresser aux NFT ?

Les principaux intéressés et utilisateurs des NFT :

- Les artistes : c'est une nouvelle manière de monétiser leur travail, le promouvoir et le protéger. De plus ils ont la possibilité de choisir de percevoir un pourcentage sur chaque transaction effectuée sur leurs œuvres ! Des royalties automatiques en cryptomonnaie.
- Les acheteurs : les NFT permettent de soutenir les artistes que l'on apprécie, en direct, en choisissant de payer pour obtenir leurs créations. En tant que propriétaire vous pouvez également l'utiliser plus ou moins comme bon vous semble, en effet à ce jour le contrat correspond à un droit de licence.
- Les collectionneurs / spéculateurs : le monde des NFT tourne aujourd'hui beaucoup autour de la spéculation liée aux collections créées par des artistes.

Où créer, chercher, acquérir, conserver des NFT ?

Plusieurs étapes sont nécessaires pour acquérir créer et conserver un NFT ; toutes les options existantes ne seront pas détaillées ici mais seulement le processus général et les étapes indispensables.

Créer un portefeuille crypto (crypto wallet) qui gardera vos NFT et votre crypto-monnaie et choisir sa place de marché sont des étapes indispensables.

Créer votre porte-monnaie

Il est nécessaire sur la plupart des plateformes d'avoir un crypto wallet, un portefeuille de cryptomonnaie car les transactions se font principalement en cryptomonnaie. Notez cependant que certaines plateformes NFT acceptent les achats par carte de crédit. Il est important de noter que l'essentiel du marché des NFT en 2022 se concentre sur la blockchain Ethereum. Il est donc essentiel de disposer d'un wallet compatible avec ces blockchains afin d'acheter et d'échanger des NFT sur ces plateformes en notant cependant que certaines utilisent leur propre cryptomonnaie.

Un portefeuille comme Coinbase Wallet permettra d'acheter des NFT. Coinbase Wallet est disponible sous forme d'application mobile et d'extension de navigateur. En vous connectant sur le site de Coinbase, par exemple, vous serez aidé pour la création du compte et sa gestion. Il existe de nombreuses autres sociétés de gestion des portefeuilles.

Une fois votre portefeuille configuré, il vous suffit de vous inscrire sur la plateforme NFT de votre choix et de le connecter.

Choisir la place de marché

Pour acquérir votre propre objet de collection numérique il est nécessaire de choisir une place de marché. Une place de marché ou plateforme NFT est un site internet permettant la création (« mint »), la mise en ligne, la vente et la revente de NFT. On désigne plus couramment ces plateformes NFT sous le nom de « marketplace NFT ». Une plateforme NFT est liée à une blockchain et sa cryptomonnaie.

Ces plateformes sont des boutiques en ligne, capable de générer le certificat d'authenticité de chaque œuvre sur la blockchain lors d'un achat. Lorsque quelqu'un crée, transfère, achète, vend ou fait quelque chose avec un NFT, tout est enregistré sur la blockchain. C'est ce qui permet l'authentification.

Parmi les places de marché les plus populaires pour les NFT, citons :

OpenSea : C'est une plateforme pour effectuer les transactions portant sur les biens numériques. C'est la plus grande place de marché

pour les NFT. OpenSea ne détient la garde de vos NFT.
La procédure d'inscription est à l'image du site, simple et intuitive. Il suffit ensuite de connecter son portefeuille de cryptomonnaie (crypto wallet) à la plateforme.
Rarible : Rarible est une autre place de marché NFT qui permet aux utilisateurs de créer («minter»), d'acheter et de vendre des objets de collection numériques.
Nifty Gateway : Cette place de marché NFT est connue pour ouvrir des collections à une heure précise (appelées « drops ») et permettre ainsi aux utilisateurs d'enchérir sur des articles durant une durée précise.
Il existe plusieurs autres plateformes conséquentes permettant des transactions de NFT comme Mintable, Tamadoge, Lucky Block, Foundation…
Après avoir choisi notre place de marché, il est temps de connecter votre porte-monnaie électronique. Un porte-monnaie électronique est un moyen de garder vos actifs numériques en sécurité et accessibles. Il conserve vos clés privées - les mots de passe qui vous donnent accès à vos actifs.
Une fois que vous avez navigué sur OpenSea et que vous avez créé un profil, il vous sera demandé de « connecter notre porte-monnaie». On peut par exemple utiliser le Portefeuille Coinbase (Coinbase Wallet). Coinbase est une société la plus à jour d'un point de vue réglementaire.
Une fois que votre portefeuille numérique est créé, il est temps de le connecter à la plateforme OpenSea par xemple. Si vous n'en avez pas OpenSea vous propose d'en créer un.

Trouver votre propre NFT

Votre porte-monnaie est maintenant connecté et il est temps de parcourir les offres et d'acheter votre propre NFT.
On remarquera qu'il existe une variété de catégories pour les NFT. Il existe des outils qui nous permettent de filtrer notre recherche. Nous pouvons filtrer par prix, collections, artiste…. Certains des NFT sur le marché nous sembleront stupides. Mais dans un monde où tout le monde a accès à internet et où les intérêts personnels sont si variés, il existe une demande du marché pour toutes sortes de NFT. Le choix d'un objet de collection numérique sera une décision personnelle. Les investisseurs peuvent tirer parti des connaissances qu'ils ont de leur

propre profession ou de leurs loisirs pour prendre des décisions éclairées sur les NFT susceptibles d'avoir de la valeur.
Nous avons vu ci-dessus un échantillon de 3 plateformes NFT, ou marketplaces, largement utilisées dans le monde des NFT. Ces sites sont plus ou moins accessibles à tous mais ont en commun de proposer une multitude de collections, provenant d'une myriade d'artistes différents. Il existe également un autre type de plateforme très répandu. Il s'agit des sites de ventes (mint) directes ou spécialisées. Pourquoi directes ? Parce que ces plateformes sont créées par les équipes artistiques elles-mêmes, afin de vendre en direct leurs œuvres. Pourquoi spécialisées ? Parce que ces sites s'adressent par exemples aux évènements sportifs.
Supposons que nous voulions acheter le NFT correspondant à une œuvre d'art. En cliquant sur le NFT, nous arrivons sur une page qui nous donne plus d'informations. Nous verrons des détails tels que le nom de l'œuvre, l'artiste et une description de l'œuvre. Sous le titre, nous verrons également des informations comme le nombre d'éditions de cette œuvre, le nombre de propriétaires des différentes éditions et le nombre de personnes qui ont vu cette œuvre. Plus bas, nous verrons également les transactions passées pour cette œuvre. Nous pouvons voir quel utilisateur a acheté ce NFT, quand, et pour quel montant.
Pour acheter ce NFT, nous avons deux options :

L'achat direct

Nous pouvons cliquer sur «Buy now» (acheter maintenant). Cette option signifie que nous acceptons d'acheter ce NFT au prix indiqué et nous acceptons d'utiliser l'actif numérique spécifié comme monnaie.

Offre d'achat à votre prix

Nous avons l'option de «Place bid» (faire une offre). En cliquant sur ce bouton, vous envoyez au propriétaire une offre pour acheter le NFT. Vous pouvez préciser le prix que vous êtes prêts à payer et avec quel actif vous êtes prêts à payer. Le propriétaire peut accepter ou rejeter votre offre. Si vous procédez à l'achat, les actifs convenus seront transférés au propriétaire et la propriété du NFT vous sera transférée. Ce processus peut prendre quelques minutes. Une fois la transaction terminée, vous verrez votre NFT apparaître sous dans votre Portefeuille (wallet). Vous êtes maintenant l'heureux propriétaire d'un NFT.

Comment conserver un NFT ?

Un NFT se conserve sur un wallet compatible avec la blockchain où il est issu. Lorsque vous achetez un NFT avec votre wallet, il est automatiquement transféré à votre adresse. Il s'affichera désormais dans votre propre galerie et même dans votre wallet, si ce dernier supporte l'affichage des NFT ! Vous pouvez garder vos cryptomonnaies et vos NFT soit sur un site spécialisé soit sur un support personnel chez vous. Vous pouvez facilement les partager avec des amis ou publier des images sur vos comptes sociaux.
Vous pouvez aussi essayer de revendre vos NFT à profit sur le marché.

Frapper (créer) un NFT

Lorsque vous avez créé votre NFT, vous pouvez ensuite téléchargez-le sur la blockchain et la blockchain ajoutera des informations supplémentaires. Ce processus est appelé "frapper un NFT". Une fois qu'un NFT est frappé, il a un ensemble de points de données qui lui sont associés dans la blockchain qui le rendent original - aucun autre NFT n'aura le même "frappe" et c'est ce qui rend chaque NFT complètement unique.
Lorsqu'un NFT est frappé, il devient un jeton unique sur la blockchain. Il ne peut pas y avoir un autre élément avec ce même jeton qui lui est associé. Et c'est en soi ce qui rend le NFT précieux. Une fois que vous possédez le jeton, vous possédez le NFT. Et il n'y a qu'un seul jeton associé à ce NFT particulier.
Frapper » un NFT est le processus d'écriture d'un élément numérique dans la blockchain. Cela établit son enregistrement immuable d'authenticité et de propriété.
Une fois que votre NFT est créé et créé, vous pouvez alors commencer à rechercher des acheteurs potentiels. Encore une fois, la plupart des créateurs de NFT répertorient leur travail sur des sites populaires comme OpenSea, Axie Marketplace, Larva Labs et Rarible... Les procédures de dépôt sont indiquées sur ces sites Vous aurez besoin d'un portefeuille crypto pour créer un compte sur ces sites et recevoir de l'argent. Vous pouvez utiliser quelque chose comme Coinbase ou Mycelium, par exemple. Mais un portefeuille est

essentiel, alors assurez-vous d'abord d'en avoir un.
Il est à noter que ces opérations entrainent des couts.

Evaluer un NFT ?

La plupart des NFT ont des qualités uniques et peuvent être générés à partir de tout type d'informations numériques, telles que des images, de l'art, de la musique, des GIF ou un clip vidéo. Ils sont si adaptables que le marché NFT peut même intégrer des tweets. Les places de marché NFT qui fonctionnent comme des maisons de vente aux enchères ont simplifié le commerce des NFT et fournissent des conseils sur la façon de vendre un NFT.

Voici quelques exemples de choses qui peuvent techniquement être offertes en NFT :

L'illustration numérique est la forme la plus courante de NFT. Les artistes peuvent facilement vendre des œuvres d'art numériques en les créant sur leur ordinateur ou leur smartphone, puis en les convertissant en NFT à partir d'un certain nombre de formats tels que JPG, PNG, etc.

Vidéos : Des extraits vidéo sont souvent transformés en NFT. Vous pouvez acheter des faits saillants de la vie réelle, des séquences de films classiques et des œuvres d'art vidéo réalisées par des artistes.

Musique ; Si vous êtes un créatif avec un penchant musical, vous pouvez vendre vos NFT musicaux.

Jeux : Vous pouvez également gagner de l'argent en vendant des avatars virtuels, des skins de jeux vidéo, des armes et même des armures dans le jeu.

Objets de collection : Les objets de collection tels que les cartes à jouer, les souvenirs de célébrités, etc. sont particulièrement recherchés. Les tweets ont beaucoup de valeur.

Certaines plateformes et univers spécialisés dans la réalité virtuelle sont déjà entièrement bâtis sur le principe des metavers ; des vêtements et des parcelles de terrains sont mis en vente dans les jeux dans cet environnement virtuel. Des jeux vidéo vendent sous forme de NFT des items ou des *skins* utilisables en jeu depuis quelque temps, d'autres mettent en jeu des NFT, quand d'autres proposent aux joueurs de s'affronter pour récupérer un nombre limité d'objets rares sous forme de NFT. Tous les objets pourront être utilisés dans plein de contextes différents.

Il faudra choisir de préférence des objets originaux. Vous devez

vérifier que l'artiste est ce qu'il prétend être et qu'il est de bonne réputation. De nombreux artistes NFT fournissent leurs antécédents, leur site web et leurs réseaux sociaux : Il convient de vérifier ces informations.
Lorsqu'un NFT est créé, le créateur peut décider de faire plusieurs éditions de ce NFT, de cette même œuvre d'art. Cela est très courant ; faire des éditions nombreuses peut faire diminuer la valeur de chaque NFT. Nous pourrions réfléchir à deux fois avant de surpayer pour un de ces objets de collection. Tout comme l'art, les NFT uniques peuvent être évalués en fonction de leur rareté.
L'achat d'un NTF montrant des images de marque déposée ne confère pas la propriété intellectuelle de ces images.

Quel est l'intérêt des NFT ?

Pour créer de la richesse avec votre propre créativité, les NFT sont une bonne chose. Si vous pouvez créer quelque chose d'unique et de beau et que quelqu'un veut le posséder, qu'y a-t-il de mal à cela ? Voici ce qui est bien avec les NFT : ils facilitent la création et la rémunération des artistes.
La rareté d'un actif numérique peut être l'aspect le plus important pour déterminer sa valeur. Il pourrait être considéré comme un atout précieux s'il est en quantité limitée. Un autre élément important de la valeur des objets de collection numériques est leur polyvalence, car de nombreux NFT peuvent être utilisés à des fins autres que l'art.

Questions juridiques relatives aux NFT

Aucun pays n'a encore réglementé spécifiquement les NFT. L'UE a lancé en septembre 2020 une proposition législative complète sur les cryptoactifs (MiCA).

Il est important de prendre en compte le droit de la propriété intellectuelle, notamment le droit d'auteur. Lorsqu'on achète une NFT, on n'achète pas l'œuvre numérique en tant que telle. L'acheteur n'obtient qu'une collection de codes ou de métadonnées qui renvoient à la version « réelle » de l'œuvre en question. Ces métadonnées sont écrites sur la *blockchain* et contiennent des informations sur l'emplacement de l'œuvre originale et le propriétaire de cette version particulière de l'œuvre.

CES TECHNIQUES QUI VONT CHANGER LE MONDE

Voici quelques exemples des techniques qui sont en train de changer notre monde.

L'économie du partage.
L'exemple le plus connu est peut-être Uber. On peut aussi citer R&B, Airbnb, et Booking pour les chambres et Blablacar pour le partage de véhicules. Ces applications ont modifié profondément les usages.

Connectivité permanente
Les équipements de la population en PC continue de progresser et on peut presque considérer que chaque famille où chaque personne dispose déjà d'un PC. Il sera possible dans un bref délai d'accéder au réseau en tous les points de la terre directement soit par la généralisation du câblage soit par ondes radio. Tous les équipements disposeront d'un circuit de connexion.

Les caractéristiques et les fonctionnalités de nos smartphones et tablettes continuent de s'améliorer, la personne moyenne possède plus d'appareils connectés mobile ou portable que jamais. Et maintenant les applications de fitness et les montres connectés sont de plus en plus populaires. Cette tendance à l'intégration de la technologie à notre corps continuera de s'accélérer à mesure que ses appareils intégreront des capteurs médicaux pour surveiller l'état de notre santé. C'est une des tendances émergentes dans le domaine de la collectivité. Une tendance plus large est-ce qu'on l'appelle maintenant l'internet des objets. La domotique sera une catégorie majeure. Parmi les exemples mentionnons les thermostats, les téléviseurs, les systèmes d'alarme, les serrures de porte et les réfrigérateurs qui pourront être commandés à distance à partir de votre smartphone. Ce sont des milliards d'appareils qui seront connectés à Internet dans un très bref délai et une grande partie de ces appareils seront des nouveaux types de capteurs de traqueurs et de moniteurs. Les autres grandes catégories seront : la santé et le bien-être pour la surveillance médicale, les bureaux et les bâtiments commerciaux pour l'efficacité énergétique, l'optimisation de la production en usine, les véhicules pour la sécurité et l'entretien, les villes pour le contrôle du trafic et les compteurs intelligents et la logistique pour le suivi et la surveillance en temps réel.

Big data et analyse des données

Le fait d'avoir des milliards d'appareils connectés fournissant des données pose la question de savoir comment stocker, gérer et analyser toutes les données produites.

C'est là que le big data ou science des données et l'analyse des données interviennent. Les domaines importants de la big data actuellement sont :

L'analyse client sous la forme d'une segmentation de la clientèle de la compréhension du taux de désabonnement des possibilités de vente croisées des ventes incitative et du ressenti des clients.

L'analyse des médias sociaux sous la forme d'un suivi du ressenti d'une marque ou d'analyse d'opinions.

L'optimisation de la chaîne d'approvisionnement, de la prévision de la demande et de la gestion des stocks.

Les statistiques sur les comportements se développent.

Robotique et intelligence artificielle

Les robots intelligents et l'intelligence artificielle sont peut-être controversés mais ils ont déjà des effets tangibles sur nos sociétés.

Outre le secteur industriel où ils ont pénétré déjà depuis pas mal de temps les robots arrivent aussi dans votre foyer : des millions de robots à usage personnel sont en train d'entrer dans vos maisons ; les robots aspirateurs, tondeuses de gazon par exemple, se généralisent. Leur capacité et leur diversité augmentent très rapidement.

Cyber sécurité.

La sécurité des réseaux et des données sont des points fondamentaux. Les attaques se multiplient de même que les détournements de fonds. Il est tout à fait nécessaire dans ces conditions de développer la sécurité, de nombreuses sociétés de même que les gouvernements s'y emploient.

Génomique et biotechnologie.

La génomique et la bio-informatique sont une forme de technologie médicale de pointe. Ce secteur est sur le point de connaître une croissance exponentielle. Les applications sont encore à un stade précoce de la médecine, mais le potentiel est énorme, et ce, dans divers domaines :

-médecine de précision pour les maladies cardiovasculaires et les cancers ;

-reconnaissance d'images pour le diagnostic des cancers et des maladies rétiniennes ;

-conception de médicaments ;

-amélioration de la prestation des soins de santé ;

Avec les progrès réalisés dans notre capacité d'analyser l'ADN d'un patient grâce à la génomique et à la bio-informatique, l'ère de la médecine personnalisée approche à grands pas. Il se crée une toute nouvelle industrie autour de la correction de la séquence génomique : cette technologie peut être utilisée pour guérir des maladies, éliminer les mutations génétiques pathologique, créer une agriculture plus résistante à la sécheresse, ayant une durée de conservation naturelle plus longue par exemple.

Réalité augmentée.

La réalité augmentée parfois aussi appeler réalité mixte est beaucoup moins connue que sa cousine la réalité virtuelle.

Alors que la réalité virtuelle éloigne l'utilisateur du monde réel, la réalité augmentée comme son nom l'indique augmente le monde réel. Les utilisateurs de réalité augmentée peuvent voir le monde réel à travers leurs lunettes de réalité augmentée avec des d'informations ou des graphiques superposés sur le monde réel d'une manière transparente.

Les progrès concernant la puissance et la miniaturisation des microprocesseurs comme de la puissance des processeurs graphiques ajoutés aux nouvelles technologies des verres de lunettes ont rendu possible des avancées dans ce domaine.

La réalité augmentée couplée à l'intelligence artificielle est reliée à votre smartphone pour créer une interface utilisateur en vue de simplifier vos tâches quotidiennes, à ne plus jamais avoir à sortir vos smartphones de votre poche car tous les messages textes seront affichés dans vos lunettes de réalité augmentée, les appels téléphoniques entrants, les appels téléphoniques sortants, les listes de courses pourraient être affichés. Mais aussi des renseignements sur votre planning de la journée, sur le magasin ou vous trouvé ou sur les personnes à qui vous parlez, sur les retards de vol, le changement de porte d'embarquement etc. La réalité augmentée simplifiera la vie. Elle aura un impact sur tous les aspects de notre vie quotidienne avec les informations et les tâches qui nous feront gagner du temps et nous fournirons des informations importantes qu'autrement nous aurions à chercher physiquement. Cette technologie progresse rapidement. Et avec le temps les lunettes de réalité augmentée laisseront la place à des lentilles cornéennes de réalité augmentée au fur et à mesure que la technologie se développera.

UN MOT SUR LES GAFA(M)

Les services et produits proposés par les Gafa (Google Apple Facebook et Amazon auxquels on peut Microsoft sont devenus omniprésent dans les villes numériques permettant à ces groupes de se placer dans une situation d'oligopole et d'atteindre pour trois d'entre eux une valorisation boursière énorme ; ce développement s'accompagne d'inquiétude grandissante de la part des citoyens et des états concernant la gestion des données personnelles, la fiscalité ou les entraves à la concurrence.

En moins de 50 ans ces entreprises ont bouleversé l'économie mondiale en profitant de situation d'oligopole dans leurs domaines respectifs : l'informatique et les produits électroniques pour Apple, le commerce en ligne pour Amazon, les services technologiques pour Google et les réseaux sociaux pour Facebook.

Elles restent toutefois à l'écart du monde chinois.

En Chine une politique active de soutien publique a permis le développement de champions nationaux dans les domaines numériques Baidu, Alibaba Sunset et que Xiaomi désigné par un autre acronyme BATX.

Le modèle d'une partie des Gafa repose sur les services gratuits en contrepartie d'une collecte des données personnelles des utilisateurs : historique de recherche et clics sur Google, données partagées et interaction sur Facebook, historique de consultation et d'achat sur Amazon.

Cette collecte améliore le ciblage publicitaire mais permet aussi des gains de productivité, l'enrichissement et la personnalisation des offres, le développement commercial. Les grandes entreprises numériques reposent en partie sur le travail gratuit des internautes.

Les Gafa sont des acteurs économiques importants en raison de la concentration des services qu'ils ont mis en place et de leur part de marché.

Soit ces entreprises ont créé de nouveaux produits comme Apple soit elles rachètent d'autres entreprises pour renforcer leur position : Google a acheté la plate-forme de vidéo YouTube en 2006, Facebook acquis le réseau social basé sur l'échange d'images Instagram en 2012 et la messagerie WhatsApp en 2014.

Leur chiffre d'affaires ne cesse d'augmenter et leur cours de bourse de gonfler. Bénéficiant de la convergence technologique de l'absence de régulation efficace et de l'apport de ressources financières gigantesque les acteurs oligopolistiques de l'Internet ont étendu leurs activités à l'échelle du globe.

L'INTELLIGENCE ARTIFICIELLE

Introduction

L'humain rêve depuis longtemps de créer une machine pensante.

Il est parvenu récemment à remplacer la force humaine brute par des robots pour effectuer des tâches répétitives élémentaires bien définies. Une nouvelle étape vers la machine pensante apparait avec le développement de l'intelligence artificielle.

L'intelligence désigne une qualité de l'esprit ; grâce à l'intelligence un être pensant comprend une situation et en s'appuyant sur ses expériences et les informations en sa possession est capable de résoudre un problème et s'adapte à son environnement

L'intelligence artificielle fait référence aux systèmes ou aux machines qui imitent l'intelligence humaine pour accomplir des tâches et qui peuvent s'améliorer itérativement en fonction des données qu'ils recueillent. L'intelligence artificielle représente tout outil utilisé par une machine afin de « reproduire des comportements liés aux humains, tels que le raisonnement, la planification et la créativité »

La pièce RUR de l'auteur dramatique tchèque Karel Capech écrite en 1921 a été traduite en anglais en 1923. RUR signifiait Rossum Universal Robots (Robots UniVersels de Rossum). Dans cet ouvrage, Rossum avait découvert le secret de fabriquer des hommes artificiels, on les appelait « robot » d'après un mot tchèque signifiant « travailleurs ». Le mot entra dans le langage anglais et y acquis droit de citer.

La robotique ou l'intelligence artificielle de bas niveau

Par robotique, on entend l'étude et la fabrication de robots ou machines automatisées, pourvus de capteurs pour analyser l'environnement. Les informations que le robot recueille ainsi lui permettent d'agir en autonomie. La robotique désigne donc l'ensemble des techniques pour fabriquer des robots, du simple automate à l'intelligence artificielle faible.

Comme son nom l'indique le robot est fait pour travailler. Le robot était décrit généralement comme une créature de métal sans âme dépourvue de toute faculté mais capable de réaliser des tâches programmées simples et répétitives. Mais la complexité des opérations qu'ils sont capables d'exécuter ne cessent de s'accroître ; leur capacité de choisir des réactions appropriées en fonction de l'environnement à l'image de l'esprit humain leur ouvre la voie de l'intelligence artificielle.

Des applications grand public comme les robots aspirateurs, nettoyeurs de piscine ou tondeuses de gazon ou la reconnaissance vocale élémentaire sont de bons exemples d'utilisation de l'intelligence artificielle de faible intensité. Le robot aspirateur par exemple reconnait les obstacles lorsqu'il se déplace de manière autonome, signale lorsque son sac à poussière est plein et rentre tout seul vers sa station de recharge lorsque sa batterie est déchargée ; il s'agit d'opérations parfaitement définies standardisées. La correction automatique de texte sur votre téléphone vous propose par anticipation un mot complet ou un mot corrigé en cas d'erreur ou d'absence d'accent est un autre cas d'intelligence artificielle faible grand public. Dans l'industrie la machine s'exprime pour aider et remplacer l'homme dans de nombreuses taches fatigantes dans les chaines d'assemblage par exemple. Dans l'armée et la sécurité des véhicules autonomes sont utilisés pour l'exploration et la reconnaissance en milieu dangereux comme la conduite intelligente de fusée ou de drones.

Dans ces domaines les processus sont parfaitement décrits et enregistrés. Les réponses sont prévues. Il s'agit de robots ou machines automatisées ou automates, pourvus de capteurs pour analyser l'environnement. Les informations que le robot recueille ainsi lui permettent d'agir de manière autonome.

L'intelligence artificielle de haut niveau ou large

L'inventivité humaine et l'augmentation des puissances de calcul et de stockage des informations ouvrent la voie à de nouveaux développements qui concernent principalement le traitement des informations.

Apparaissent des applications capables d'auto-apprentissage et de création basées sur des modèles de moteurs tels que les réseaux de neurones ou les arbres de décision ou les algorithmes de forage ou les systèmes experts ou les systèmes basés sur la logique floue. Elles répondent à des sollicitations textuelles aléatoires. Les interrogations et les résultats ne sont pas décrits préalablement et enregistrés.

De nouveaux langages de programmation destinés à aider le développement de l'intelligence artificielle apparaissent comme Lisp, Prolog, Python, Julia.

Dans le secteur du ***traitement du langage***, par exemple, l'application Chatgpt est capable en réponse à des sollicitations textuelles aléatoires et en quelques minutes de créer un texte réaliste correct syntactiquement et grammaticalement dans une multitude de langues. Cette application travaille sur une base de données géante de textes et de relations ; elle dispose d'outils capables d'attacher des concepts relativement abstrait à des phrases écrites en langage naturel ; elle comprend l'idée exprimée dans la question et est capable de construire une réponse adaptée. Elle est capable de répondre à des questions, créer du texte ou du code informatique. Chatgpt utilise l'apprentissage automatique pour apprendre et comprendre les données textuelles provenant de sources variées, notamment les articles, les pages web et les informations fournies par les utilisateurs. Grâce à cet apprentissage, il est capable de générer des réponses pertinentes et cohérentes lors d'une conversation. En se basant sur un corpus énorme de connaissances ChatGPT est en mesure de fournir un contenu de haute qualité en français et dans d'autres langues. Il est conçu pour aider les utilisateurs à trouver des informations, à rédiger des textes, à répondre à des questions ou encore à accomplir des tâches spécifiques. Ainsi, Chatgpt offre un service d'assistance personnalisée en temps réel.

D'une manière plus générale, la compréhension et la manipulation du langage naturel sont à portée. La traduction instantanée du langage naturel respectant syntaxe, grammaire et conforme aux concepts portés par la langue peut être réalisée. Les phonèmes sont analysés de manière instantanée grâce à la puissance de calcul et d'exploration des bases de données et de règles.

Le secteur de la ***création d'images*** a vu apparaitre de nouvelles applications d'intelligence artificielle. DALL-E est un générateur d'images par intelligence artificielle conçu par OpenAI, une société américaine spécialisée dans le domaine de l'intelligence artificielle. Les fonctionnalités de DALL-E sont les suivantes :

Générer des images à partir de requêtes textuelles,

Effectuer des modifications réalistes et ciblées aux images,

Créer plusieurs variantes d'une image, en s'inspirant de l'original.

Il existe d'autres moteurs tels que Bing Image Creator en cours de développement par Microsoft, Stablediffusion et Midjourney

Les images générées proviennent d'images existantes sur lesquelles le modèle base son apprentissage automatique. Il est possible de choisir le style d'image tel que photo, dessin peinture, motif ou image conceptuelle ou le format carré, portrait ou paysage. Il est aussi quelquefois possible de créer une image à la manière de grands peintres dont la technique de réalisation et le style ont été analysées et peuvent être appliquées à la nouvelle création.

Google a développé MusicLM pour étendre les capacités de l'intelligence artificielle au ***domaine musical.*** L'objectif est de permettre aux utilisateurs de créer des mélodies uniques simplement en fournissant une description textuelle. En utilisant un réseau neuronal profond, MusicLM est capable de comprendre le texte fourni par l'utilisateur, d'interpréter son intention musicale et de générer une mélodie correspondante. Cela signifie que plus la description est précise, plus la mélodie générée sera fidèle à l'intention de l'utilisateur.

Toutefois, cela ne signifie pas que MusicLM est limité aux descriptions musicales précises. L'intelligence artificielle est également capable de créer des mélodies à partir de descriptions textuelles vagues ou abstraites, laissant une plus grande place à la créativité et à l'interprétation.

Conclusion

A mesure que les performances des intelligences artificielles spécialisées dans différents domaines comme – la sécurité, la finance, le droit, le journalisme, la programmation, le médical, la manufacture, l'éducation, les centres d'appel…- s'affinent, elle remplacera les humains pour certaines tâches de traitement des données.

On peut distinguer deux grands domaines ou les performances de l'intelligence artificielle seront différentes ; d'un côté le traitement des données et de l'autre la manipulation et l'interaction avec le monde réel physique. Les relations avec les humains sont complexes.

Dans ces domaines de traitement des informations l'intelligence artificielle progresse avec une très grande rapidité. Dans d'autres domaines scientifiques, les progrès de l'intelligence artificielle pour appréhender de grandes quantités de données et les règles strictes de certaines sciences comme la physique et la chimie permettent de produire des résultats importants. Dans ce secteur, le robot n'est pas mobile ; c'est un ordinateur, son réseau, sa périphérie et une masse de programme.

Par contre le développement de robots agiles et mobiles dotés d'intelligence artificielle est plus complexe. Le remplacement des professions manuelles sera plus compliqué. Le robot de service à domicile doté d'intelligence artificielle de haut niveau pour remplacer le cuisinier et faire le repassage ou le ménage n'est probablement pas pour demain de même que la conduite automatique des voitures.

Permettre au robot d'apprendre par lui-même à voir, à dialoguer, à prédire et à créer : des aptitudes qu'on croyait réservées à l'intellect humain est un objectif. L'intérêt de cette approche est de permettre au système d'apprendre de lui-même les tâches complexes qui seraient autrement difficiles à programmer de bout en bout. La reconnaissance de la parole humaine, son enregistrement et la transcription écrite des mots prononcés est un exemple très concret ou l'apprentissage joue un rôle fondamental.

Le savoir présente des dangers mais faut-il pour autant fuir la connaissance ? Considérons le robot simplement comme un dispositif de plus. Il ne constitue pas une invasion sacrilège de notre domaine ni plus ni moins que le premier appareil venu en tant que machine. Il faut penser à des dispositifs de sécurité aussi complets que possible concernant le robot. Si les robots sont si perfectionnés qu'ils peuvent imiter le processus de la pensée humaine c'est que la nature de ce processus aura été conçu par des ingénieurs humains qui lui auront implanté et mis en place un ensemble de dispositifs de sécurité ; les robots réagissent selon les règles implantées dans leur cerveau au moment de leur construction.

Les trois lois de la robotique proposées par le romancier Isaac Asimov sont les suivantes :

Un robot ne peut porter atteinte à un être humain ni restant passif laisser cette être humain exposé au danger.

Un robot doit obéir aux ordres donnés par les êtres humains sauf si de telles ordres sont en contradiction avec la première loi.

Un robot doit protéger son existence dans la mesure où cette protection n'entre pas en contradiction avec la première ou la deuxième loi

Bien que l'intelligence artificielle évoque des images de robots humanoïdes très fonctionnels prêts à conquérir le monde, elle ne vise pas actuellement à remplacer les humains. Elle est conçue pour améliorer considérablement les capacités et les contributions humaines, ce qui en fait un actif opérationnel très précieux.

L'intelligence artificielle fait peur : est-elle capable de surpasser l'intelligence humaine ? La science de l'homme toujours en expansion peut insuffler la vie mais quant à créer une âme ou un système aussi complexe que le cerveau humain, ces efforts sont en pure perte dans un avenir prévisible. Les éléments agissant sur la pensée humaine sont multiples et de divers ordres.

Il s'agit aussi bien de facteurs immatériels comme la mémoire, les sentiments, les pulsions, la synthèse et le raisonnement déductif que de facteurs physico-chimiques comme la vision, l'audition, le ressenti de la douleur ou du froid comme les bactéries de l'intestin qui ont une influence directe sur le cerveau, siège de l'intelligence et donc sur les décisions qui sont prises en réaction aux stimuli.

L'héritage de nos chromosomes au sein de toutes les cellules qui constituent notre corps dans lesquels sont inscrites les caractéristiques de notre espèce humaine, sa forme, son comportement et son passé primitif reste encore à comprendre. L'être vivant humain est capable de s'adapter et d'évoluer d'une manière qui lui est propre. Il dispose d'une capacité d'imagination qui lui permet d'inventer, d'imaginer, de prévoir.

Créer une intelligence dépourvue d'âme, capable de la même intelligence qu'un être humain serait magnifique mais il ne faut pas céder à une confiance totale dans la science et croire dans l'avènement d'un royaume utopique.

Le danger pourrait survenir si un jour, l'intelligence artificielle portée par les robots était devenue suffisamment autonome pour s'optimiser elle-même et devenir indépendante ; elle pourrait devenir supérieure à l'espèce humaine et tenter de l'éradiquer de la surface de la terre.

ANNEXE

DU MEME AUTEUR

Manuel de l'Internet (Hermes)

Comprendre le fonctionnement d'Internet et des services associés (Amazon)

Internet, mode d'emploi (Charleston SC)

Co-auteur

Windows NT4.0 Server (Mac Millan)

Traduction

Windows NT4.0 Station (Mac Millan)

Co-auteur avec Françoise Hébert et Thierry Rebours

Falaises des Vaches Noires (Corlet)
Dinosaures et autres reptiles de Normandie (Corlet)
Falaises des confessionnaux (Corlet)
Falaises des roches Noires (Corlet)
Quintefeuille, la forêt engloutie sous la mer (Corlet)
La falaise des Hachettes (Corlet)
Les Demoiselles de Fontenailles (Corlet)
Circuit géologique et paléontologique dans l'Anti-Atlas au Maroc (Corlet)
Balade le long des Falaises des vaches Noires (Amazon)

Juillet 2023

www.ingramcontent.com/pod-product-compliance
Lightning Source LLC
Chambersburg PA
CBHW070931260726
48661CB00003B/932

* 9 7 9 8 8 5 2 0 6 5 4 7 6 *